마침내 일상에 도착했다

마침내 일상에 도착했다

김아은 지음

In

일상이라는 목적지

비행기만 타면 한순간에 시공간을 바꿀 수 있는 여행이 좋았다. 비행기가 둥실 뜰 때는 머릿속을 어지럽히던 일들이 우수수 떨어져 몸이 다 가벼워지는 것 같았다. 낯선 도시의 공기가 코에 닿을 때면 가슴이 두근거렸다. 호텔에 도착해서야 긴장이 스르르 풀어질 때는 하루 종일 지쳐서 집에 돌아왔을 때와 또 다른 안도감이 있었다. 뜻밖에 좋은 곳을 발견하거나 맛있는 음식을 먹을 때는 내가 대단한 사람이라도 된 것처럼 기분이 날아올랐다.

달리 말하자면, 나는 나를 둘러싼 것들을 잠시나마 떨쳐버리고 싶을 때 여행을 떠났다. 삶이 내가 원하는 대로 흘러가지 않을 때, 출근길 회사를 코앞에 두고 뒤돌아 집에 가고 싶을 때마다 여행을 가기로 마음먹었다. 새하얀 사무실의 공기조차 버거울 때가 있었다. 그런 날에는 집에 돌아와도 돌아온 것 같지 않았다. 그래도 조금만 참다가 떠난다고 생각하면 울컥하는 마음도 어찌어찌 달랠 수 있었다.

그러다가 중국이라는 여행지를 만났다. 첫 만남은 웅장한 산세가 담긴 차마고도(茶马古道) 사진 한 장이었다. 근사한 산길을 걷다 보면 구름같이 가뜬한 사람이 될 수 있을 것 같았다. 분명히 눈이 다 시원해지는 풍경을 실컷 보고 돌아왔는데, 돌아와서는 스치듯 만났던 사람들의 얼굴이 떠올라 마음이 한동안 덜컹거렸다.

바쁘다는 핑계로 덜그럭거리는 마음을 덮어두고 살 수 있었는데 이번에는 회사에서 덜컥 상하이로 장기 출장을 보내 중국을 다시 만났다. 어떻게든 살아남기 위해 배운 중국어는 식당에서 주문을 할 때도 유용했지만, 더 좋은 것이 있었다. 동화 속에서 알리바바가 '열려라 참깨' 하고 주문을 외우면 보물이 잔뜩 쌓여 있는 동굴의 문이 열렸던 것처럼, 내가 낯선 언어로 더듬더듬 말할 때마다 새로운 세상이 열렸다.

출장이 끝난 후에도 틈만 나면 중국으로 떠났다. 일이 나의 마음을 옥죄어올 때, 끝을 생각해본 적 없던 연애가 산산조각이 났을 때도 목적지는 늘 같았다. 처음에 살짝 흔들리던 마음은 점차 거세게 요동쳐 결국 나를 움직이게 만들었다. 회사를 그만두고 중국의 여러 도시를 다녀오고 싶다는 말을 결국 내뱉고 말았다.

나를 압도하는 멋진 풍경을 보고 감탄하고 싶어서, 이 시간만큼은 내 마음대로 해보자며 떠난 여행이었다. 하지만 내가 정작 여행에서 마주한 건 근사한 풍경을 앞에 두고 쭈뼛거리는 나, 그리고 도대체 내 마음이 무엇인지 몰라 결정을 못 하고 쩔쩔매는 나였다. 나조차도 이런 내가 처음 만난 사람처럼 한없이 낯설었다. 호기롭게 시작한 여행이었는데, 나를 둘러싼 것들이 익숙하지 않을수록 겁만 더 났다.

그런데 그럴 때마다 나를 안심시키는 것들이 있었다. 다름 아닌 일상의 모습들이었다. 낯선 풍경에서 사람들이 담담하게 일상을 꾸려나가는 걸 가만히 보고 있으면 펄떡거리던 마음이 진정되었다. 길에서 그런 모습을 슬쩍슬쩍 보는 것만으로도 좋았는데, 나에게 자신의 일상으로 초대하겠다며 선뜻 손을 내밀어주는 사람들도 있었다.

낯선 친구의 손에 이끌려 도착한 일상은 매번 놀라웠다. 광저우(广州)의 좁은 골목이 낯선 택시 기사의 세월이 깃든 삶의 터전으로 변하던 순간, 양숴(阳朔)의 자그마한 쌀국수 가게가 한 청년을 어린 시절로 데려가던 순간, 우이산(武夷山)에서 차를 만드는 동갑내기 친구의 작업실에 옹기종기 모여 앉아 차를 마시던 순간은 그 어떤 풍경을 보았을 때보다 짜릿했다. 이런 순간들이 차곡차곡 쌓이고 나서야 깨달았다. 일상보다 아름다운 목적지는 없다는 것을.

원래는 집으로 돌아올 때마다 슬퍼하기 바빴는데, 차츰 내 마음도 바뀌었다. 나의 일상도 내가 만났던 일상처럼 아름다웠으면 했다. 거추장스러운 포장을 해놓고 별것 없는 알맹이를 들킬까 불안해하지 않고, 아무런 꾸밈없이도 나의 일상이 떳떳했으면 했다.

그래서 내가 보았던 근사한 일상들을 나의 하루에도 들이기 시작했다. 머리가 복잡할 때마다 산에 오르던 양쉬의 청년처럼 나도 저녁마다 산책을 하며 그날의 고민을 가만히 풀어놓았다. 그리고 일을 할 때는 우이산 친구에게서 산 차를 마시며 숨을 골랐다. 그렇게 여행의 순간들을 하나씩 곁에 두니 나도 마침내 내가 바라던 일상에 도착했다.

그러니까 이 글은 내가 떠났던 이야기이자, 나를 돌아오게 한 이야기다. 그도 그럴 것이 2013부터 2019년까지 드나들었던 여덟 곳에서의 이야기를 다 쓰고 나니 훌쩍 떠나고 싶은 마음이 많이 사그라들었다. 홀연히 떠나는 사람보다는 조금이라도 더 과감한 결정을 하고, 낯선 것에 덜 겁내는 사람이 되고 싶어졌다. 아무래도 여행의 순간들이 나의 일상을 단단하게 만들어준 모양이다.

이제는 도망치듯 가는 여행이 아니라, 충만한 호기심과 애정으로 여행을 떠나고 싶다. 이제서야 여행자의 마음을 갖게 된 것 같은데, 올해는 여행이 뜻밖에 아득한 단어가 되어버리고 말았지만. 그래도 나는 우리가 다시 떠날 수 있을 거라고 믿는다. 그리고 여전히 쉽게 절망하고 자주 불안하지만, 나의 일상도 나의 여행을 닮아갈 것이라 믿는다.

차례

샤먼(厦门): 봄빛을 건네는 섬

3. 그곳에 사는 사람들 Local People

양숴(阳朔): 산수화 속에 머물다

1

차마고도
Tea Horse Road

리장
丽江

상상 속 풍경, 상상 너머의 삶

리장(麗江)

입사 후, 나의 첫 여름 휴가지는 세부였다. 주변 사람들도, 여행사 직원도 무난하게 가기 좋다며 추천한 곳이었다. 에메랄드빛 바다는 눈이 시리도록 아름다웠지만, 딱 거기까지였다. 리조트 안에서만 머무르는 여행은 답답했고, 어딘가 아쉬웠다. 그래서 다가오는 두 번째 여름 휴가에는 보다 특별한 곳에 가보고 싶었다. 그 무렵 멋진 사진 한 장이 눈에 들어왔다. 후탸오샤(虎跳峽, 호도협)였다. 웅장하면서도 호젓한 산의 모습이 머릿속에서 떠나질 않았다. 바쁘고 정신없는 속세를 떠나 저 길을 걸을 수 있다면 더할 나위 없는 휴가가 될 것 같았다.

함께 갈 사람을 찾다가 회사 선배이자 룸메이트였던 언니에게 이번 휴가는 후탸오샤에 가는 건 어떠냐고 슬쩍 물었다. 언니는 학교 다닐 때 '차마고도(茶馬古道)'를 배운 적이 있다며 선뜻 함께 가자고 했다. 그렇게 우리는 후탸오샤로 떠났다.

굽이굽이 돌 때마다 펼쳐지는 후탸오샤의 풍경은 각기 다른 화폭처럼 매번 새로웠다. 날씨까지 다채로울 필요는 없었는데 그림 같던 하늘에 갑자기 폭우가 들이닥쳤다. 그 바람에 노선을 바꿔 예정에 없던 산골 마을, 리밍(黎明)에도 들렀다. 한적한 산에서만 내내 있었던 탓이었을까? 고즈넉할 줄 알았던 마지막 목적지, 차마고도의 역참 마을 수허구전(涑河古镇)은 휘황찬란한 도시 같이 느껴졌다.

풍경도, 일정도 모두 예상 밖의 것이었다. 그런데 내가 정말 상상하지 못했던 건 따로 있었다. 사람 하나 없는 처연한 산골짜기라 생각했던 그곳에도 평범한 일상이 있었다는 것. 산길을 따라 걷는 건 힘이 들어서 그렇지 어렵지는 않았었는데, 그곳에 사는 사람들에게 한 발짝 가까이 다가가는 건 정말이지 낯설고 어려웠다. 여행이 끝난 후, 그때 길에서 스쳐 가듯 만났던 사람들이 자꾸만 떠올라 오랫동안 마음이 흔들거렸다. 나와 전혀 다른 환경에서 삶을 꾸려나가는 사람들이 자꾸만 궁금해졌다. 이다음에 가면 무슨 말이라도 건네볼 수 있을까 싶어 처음으로 중국어 학원도 기웃거렸다. 비록 발음과 성조의 벽을 넘지 못하고 싱겁게 그만두긴 했지만. 아무튼 나의 첫 중국은 꽤나 긴 여운을 남겼다.

여행 시기 2013년 8월
여행 기간 7일
여행 방법 친구와 함께 / 국내 여행사 패키지 여행
중국어 가능 정도 중국어 전혀 못함

그곳과 나의 거리

후탸오샤(虎跳峽, 호도협)

후탸오샤에 가기로 하고 나니 걱정이 물밀 듯이 몰려왔다. 회사에서는 밥 먹으러 갈 때와 화장실 갈 때 빼고는 별로 쓸 일이 없던 나의 다리가 그 험한 산골짜기에서 잘 버텨낼 수 있을까 걱정이 됐다. 여행사에 물어보니 얼마 전 초등학생 손님도 잘 다녀왔다며 괜찮을 거라 했지만 그래도 만만하게 생각하지 말고 미리 운동도 하며 준비하라는 말만 귀에 콕 박혔다.

나름대로 준비를 하기는 했다. 그래 봤자 운동이라곤 차를 타면 5분인 출퇴근 길을 20분 들여 걸어가는 게 전부였다. 장비 덕을 볼 수 있지 않을까 싶어 주말에는 큰맘 먹고 등산화를 샀다. 생각해 보니 등산복이 한 벌도 없어 아울렛 매장을 기웃거렸는데 결국 엄마 등산복을 빌려 입고 가기로 했다.

드디어 그날이 왔다. 후탸오샤로 가는 길은 멀고, 멀고 또 멀었다. 칭다오(靑島)에서 갈아탄 비행기는 잘 날아가는 것 같더니 기상 상황이 좋지 않다며 칭다오로 되돌아왔다. 몇 시간이 지나 가까스로 다시 출발한 비행기는 깜깜한 밤이 되어서야 윈난성(云南省) 리장(丽江)에 도착했다.

이튿날 아침, 승합차를 타고 후탸오샤로 향했다. 시내를 벗어나니 구불구불한 산길이 나왔다. 올라가면 올라갈수록 가지가 둥글게 뻗은 이상한 나무들이 우수수 나오더니 트레킹의 시작점에 다다랐다. 산속에서 쓸 짐만 넣은 배낭을 메고 차에서 내렸다. 내 캐리어가 실린 트렁크가 덜컹 닫히고 차가 떠나니 그제서야 트레킹이 시작된다는 것이 실감 났다. 내가 메고 있던 배낭은 키가 작은 나귀 등에 싣기로 했다. 일행들의 배낭을 모두 짊어진 나귀가 맨 앞에 서서 터벅터벅 산길로 걸어 들어갔다.

얼마 지나지 않아 그림 같은 광경이 눈앞에 펼쳐졌다. 창창한 하늘엔 뭉게구름이 활짝 피어 있었고, 그 밑으로는 시커멓고 웅장한 산이 길게 뻗어 있었다. 눈이 다 시원해지는 풍경에 가슴이 다 펄떡거렸다. 나는 옆에서 걷던 언니를 자꾸만 불러 세워 신나게 사진을 찍었다.

하지만 내 생전에 이런 풍경을 다 본다며 호들갑을 떠는 것도 잠깐이었다. 10분도 지나지 않아 나는 말을 잃고 말았다. 아름다워서가 아니라 숨이 너무 차서였다. 문득 일행 중 70대 할머니가 있었던 것이 생각나서 우리도 이렇게 힘든데 할머니는 어떻게

하나냐며 걱정을 했다. 앞에 가던 다른 일행이 내 말을 듣고 할머니는 진작에 맨 앞에서 걷고 계신다며 웃음을 터뜨렸다.

등산복, 등산화는 물론이고 팔 토시에 장갑까지 완전 무장을 하고 필사적으로 걷는데, 내 옆으로 슬리퍼를 신은 한 청년이 양 떼를 몰고 슬렁슬렁 지나갔다. 나는 지금 산악 영화를 찍고 있는 기분인데, 그 청년의 모습은 잔잔하고 평온한 드라마의 한 장면 같아 헛웃음이 났다.

가장 비현실적인 풍경을 보고 싶어 이 머나먼 산까지 왔는데, 뜻밖에 나를 가장 놀라게 한 것은 이곳에 사는 사람들의 별다를 것 없는 일상이었다. 그림 같은 풍경 속에서 아기를 업고 활짝 웃으며 우리에게 손을 흔드는 아주머니라던가, 외딴 바위 위의 집 같은 것. 이곳에서의 삶은 어떤 모습일지 가늠해보다가 완전 무장한 내 모습을 보니, 나도 내가 한없이 어색해졌다.

나도 손을 흔들며 함께 인사를 하다 보면 여기까지 날아온 거리만큼 그들이 반가웠지만, 신선이 나올 것 같은 풍경과 그 얼굴이 함께 보이면 어쩐지 생경하고 까마득하게 느껴졌다. 그렇게 서로 얼굴을 보며 배시시 웃는 것도 잠시, 반가운 마음은 끝내 언어에 실리지 못한 채 스러지고 말았다. 종종 누군가 건네어 온 몇 마디 말은 끝내 풀리지 못한 암호인 채로 공기 중에서 흩어져버렸다.

어리둥절한 표정으로 머뭇거리다 보면 어느새 그 사람들은 풍경 저편으로 사라지고 보이지 않았다. 말이라도 한마디 할 줄 알았으면 이렇게 아쉽지는 않았을 텐데. 그저 '이곳에서의 삶은 어떤가요, 당신도 제가 신기하고 반갑나요?' 하고 한번 물어보고 싶었는데. 스치듯 지나간 그 사람들과 나의 거리는 서울과 후탸오샤의 거리만큼 다시 멀어지고 말았다.

차마고도는 인류 역사상 가장 오래된 교역로로 윈난성의 차와 티베트의 말을 서로 교환하던 길이다. 후탸오샤 트레킹을 하면 윈난성의 남쪽에서 시작하여 리장을 지나 티베트의 라싸(拉薩)까지 이어지는 차마고도의 일부를 걸어볼 수 있다. 후탸오샤는 해발 고도 2,700~2,800m의 고원지대다. 숨이 쉽게 찰 수 있기 때문에 욕심내지 말고 본인의 몸 상태를 잘 살피며 걸어야 한다. 내가 갔던 코스는 첫 날에는 28개의 굽이를 따라 '28밴드'를 걷고, 둘째날에는 진사강(金沙江)의 거센 급류를 볼 수 있는 중도협을 지나는 여정으로 총 16km 정도를 걸었다.

내 이상형은 위룽쉐산

위룽쉐산(玉龙雪山, 옥룡설산)

좁다란 산길에서 숨이 턱까지 차오르면 이 험한 자연 안에서 온전히 혼자라는 생각에 서러움이 몰려오곤 했다. 그런데 이번엔 그렇지 않았다. 힘들다 싶어 고개를 돌리면 언제나 그가 있었다. 풍채도 넉넉한 것이 어느 곳 하나 듬직하지 않은 구석이 없었다. 걷다가 문득 소리가 나지 않아 다시 돌아보면 아까와 똑같은 모습으로 그가 있었다. 그렇게 가던 길을 멈추어 서서 잠시나마 그를 바라보는 것만으로도 다시 걸어갈 힘이 생겼다.

그래서 그가 누구냐면 트레킹 내내 나의 오른편에 묵묵히 서 있던 위룽쉐산(옥룡설산)이다. 시커먼 암벽이 곳곳에 드러나 있는 위룽쉐산을 볼 때마다 나는 연신 멋있게 생겼다며 감탄을 했다. 깎아 놓은 듯 잘생긴 산은 종종 있었지만 이렇게 거칠면서도 깊이가 있는 산은 처음이었다.

위룽쉐산을 매일 보며 살아가는 나시족(纳西族)[1]에게 이곳은 성산(圣山)이자 신산(神山), 그리고 사랑의 산이다. 나시족의 전설에 따르면, 그 누구도 오른 적 없다는 위룽쉐산의 꼭대기에는 사랑 때문에 죽은 자들만 갈 수 있다는 우루유추이궈(霧路游翠郭)가 있다고 한다. 우루유추이궈는 정사(情死)[2]한 연인들이 인간 세상에서는 못다 이룬 사랑을 영원히 늙지 않고, 자유로이 할 수 있는 이상향이란다.

우루유추이궈에는 한 쌍의 사랑의 신이 살고 있다. 남신의 이름은 거우투시구(枸土西古), 여신의 이름은 유주아주(游祖阿主)다. 그들은 붉은 호랑이와 하얀 사슴을 타고 다니며 그곳의 새와 짐승들을 다스리고, 바람 속에서 악기를 연주하고, 구름 위에서 노래를 짓는다. 사랑의 신들은 인간 세상에서 이루지 못할 사랑 때문에 고통스러워하는 자들을 향해 쉬지 않고 노래한다.

당신의 눈이 괴롭군요	你痛苦的眼睛
이리 와서 초원에 핀 꽃을 봐요	来这里来看一看草场上的鲜花
당신의 다리가 지쳤군요	你疲倦的双脚
이리 와서 푹신한 풀을 밟아봐요	来这里踩一踩如茵的青草
당신의 손이 아프군요	你痛苦的双手
이리 와서 야크 젖을 짜봐요	来这里挤牦牛的奶汁

_〈루반루라오(鲁般鲁饶)〉 중 유주아주가 한 여인이 정사하기 전 불러준 노래

1 중국의 소수민족, 나시족의 95퍼센트가 중국 윈난성에 살고 있다.

사람을 홀려 죽음에 이르게 하는 무시무시한 노래일 줄 알았는데 유주아주가 부른 건 뜻밖에 위로의 노래다. 한 사람이 생을 저버리던 그때, 세상은 한마디 위로도 허락하지 않았던 걸까. 더 이상 사랑을 할 수 없다는 절망에 찬 그들이 간절히 찾았던 건 마음을 보듬어줄 위로였을지도 모르겠다. 아니면, 자신에게 위로를 건네던 사랑하는 연인과 못다 한 사랑을 이어나가고 싶었을 지도.

2   서로 사랑하는 남녀가 그 뜻을 이루지 못하여 함께 자살하다.

하루 종일 걸어 도착한 숙소는 위룽쉐산이 바로 보이는 곳이었다. 하루 종일 내 곁에 있었던 그 산은 해가 지자 거뭇한 그림자 같은 모습으로 자리를 지켰다.

다음 날 아침, 숙소 앞에는 거침없이 그려낸 수묵화 같은 위룽쉐산이 변함없이 서 있었다. 아직 아무도 오른 적이 없다는 그 산의 꼭대기를 바라보았다. 풀벌레가 지나가는 소리마저 귀에 닿았던 그 순간, 고혹적인 눈동자 색을 닮은 바위가 드러난 산을 가만히 보고 있으니 내 마음이 잔잔하게 일렁이기 시작했다.

꿈에 그리던 이상형을 마주친 기분이었다. 사랑이라는 게 끓어오르는 열정이 아니라, 서로에게 건네는 정확한 위로가 차곡차곡 쌓이는 것 아니겠냐고 속삭이는 듯했다. 아무래도 누군가가 나에게 이상형이 어떻게 되느냐고 물어본다면, 위룽쉐산이라고 말해야겠다. 웃으라고 하는 농담 같이 들리겠지만, 100퍼센트 진심이다.

위룽쉐산과 하바쉐산(哈巴雪山, 합파설산)을 끼고 이어지는 협곡, 후탸오샤를 걷는 내내 나의 오른편에는 위룽쉐산이 있었다. 쭉 이어져 있는 13개의 산봉우리에 쌓인 눈이 은빛 용이 누워 있는 모습을 닮아 '위룽쉐산(옥룡설산)'이라 이름 지었다고 한다. 현무암과 석회암으로 이루어진 위룽쉐산은 선명한 흑백 대비를 볼 수 있어 헤이바이쉐산(黑白雪山, 흑백설산)이라고도 불린다.

위룽쉐산은 나시족의 신산(神山)이기도 하다. 나시족에게 위룽쉐산은 나시족을 지켜준다는 산둬(三多)신이 산의 모습으로 변한 신성한 곳이다. 그래서 해발 5,596m의 위룽쉐산의 정상은 그 누구에게도 정복되지 않았다고 한다.

뜻밖에 도착한 낯선 동네

리밍 마을(黎明村)

숙소에서 긴급회의가 열렸다. 비가 너무 많이 온 탓에 길이 위험해서 원래 가려던 스터우청(石头城, 석두성)에 갈 수 없다고 했다. 하는 수 없이 일정을 바꿔야 한다는 말에 사람들은 이런 돌발상황이 바로 여행의 묘미가 아니겠냐며 웃으며 받아들였다. 그렇게 우리는 리밍 마을에 도착했다.

원난성의 모든 곳이 처음이었지만 이름조차 갑작스러웠던 리밍은 더욱 낯설었다. 마을 뒤로 높이 솟은 웅장한 산이라든지, 불그죽죽한 바위들이나 전봇대 앞에 꼿꼿하게 서 있는 백마를 보고 있으면 낯선 행성에라도 온 듯 기분이 묘해졌다.

리밍에서의 첫 일정은 자유시간이었다. 열댓 명의 사람들이 우르르 몰려나가 마을 곳곳을 서성였다. 낯선 곳이었지만 마을의 입구만 대충 훑어보고 숙소로 돌아가기는 싫었다. 나는 같이 온 언니에게 조금 더 멀리 나가보자고 떼를 썼다.

어디로 가야 하나 고민하던 찰나, '자연불(自然佛)'이라 쓰인 표지판 하나가 눈에 들어왔다. 무작정 그 표지판이 가리킨 방향을 따라 걷기 시작했다. 마을의 명소라도 구경하면 퍽 뿌듯할 것 같았다. 처음에는 언니와 재잘재잘 떠들며 신나게 길을 걸었다. 그런데 이상했다. 길은 고요했고 아무것도 나오지 않았다.

슬금슬금 불안해졌다. '아까 돌아갔어야 했나' 하는 마음이 스멀스멀 올라오기 시작했다. 걷다 보니 어떤 집에 아주머니가 보여 길을 물으려고 조심조심 들어갔다. 핸드폰에 '自然佛'이라고 크게 써서 아주머니에게 내밀었다. 아주머니는 멋쩍은 듯 웃으며 손을 내저었다. 글을 읽지 못한다는 것인지 이 길이 아니라는 것인지 알 수가 없었다. 마음만 더 복잡해진 채로 다시 길을 걸었다.

불안은 금세 전염되어 언니도 나도 말이 없어졌다. 무거운 공기를 깨보려 어색하게 말을 건넸지만, 대화는 쉽사리 이어지지 못하고 뚝뚝 끊겼다. 그때 갑자기 오두막집에서 시꺼먼 늑대같이 생긴 개가 뛰어나와 사납게 짖기 시작했다. 기겁을 해서 비명을 지르며 냅다 뛰려는데 언니가 다급하고 단호한 목소리로 외쳤다.

"뛰지 마! 눈 마주치지 말고 앞만 보고 걸어!"

하마터면 나갈 뻔한 정신을 붙들고 나는 바들바들 떨면서 슬금슬금 걸었다. 우리를 바짝 따라오며 크게 짖던 그 개는 어느 지점에 다다르자 따라오지 않았다. 숙소를 떠난 지도 한 시간이 다 되어 갔다. 이러지도 저러지도 못한 채 주저앉고 싶을 즈음, 어떤 마을에 도착했다.

마을의 초입에 있던 작은 학교의 운동장에서는 아이들이 뛰놀고 있었다. 방학을 한 건지 학교 건물의 문은 굳게 잠겨 있었다. 학교 앞 공터는 나무 작대기를 들고 뛰어노는 아이들 차지였다. 아이들은 우리가 온 걸 보더니 운동장의 구석으로 잽싸게 달려가서 몸을 숨기고는 까르르 웃었다.

학교를 지나 낯선 글자가 써 있는 표지판을 따라 계단을 올라갔다. 작은 건물 하나가 있었는데 역시나 사람의 기척 하나 없이 고요했다. 원래 보기로 했던 자연불은 둘째 치고, 다시 숙소로 돌아갈 생각을 하니 눈앞이 깜깜해졌다. 언니가 그래서 어떡할 거냐고 물어보기라도 하면 금방 눈물이 터질 것 같았다.

"언니… 미안해요. 제가 괜히 고집을 부려가지고. 어떡하죠…?"

"괜찮아. 나 여기 정말 좋아. 잠깐만 앉았다 가자."

언니의 말에 그만 울음이 터지고 말았다. 온몸이 불안과 겁으로 가득 차버린 기분이었는데 조금씩 진정이 되는 것 같았다. 그래도 미안한 마음은 가시지 않아 제대로 앉지도 서지도 못하고 언니 뒤에서 서성거렸다. 언니는 바위에 걸터앉아 새 소리가 이따금씩 들려오는 먼 곳을 가만히 바라보았다.

우리는 그렇게 한동안 있다가 마을로 나가는 차가 있으면 태워달라고 부탁이라도 해보자며 다시 계단을 따라 내려갔다. 고요한 마을에는 드문드문 지나가는 사람들이 있었다. 어떤 집의 굴뚝에서는 연기가 피어올랐고, 어떤 집에서는 지직거리는 텔레비전 소리가 새어 나왔다.

자그마한 매점 앞에 서 있는 승용차 한 대에 눈이 번쩍 뜨였다. 나에게 남아 있는 용기를 모두 긁어모아 쭈뼛쭈뼛 매점으로 들어갔다. 심드렁하게 앉아 있는 아주머니에게 핸드폰에 찍어둔 숙소 사진을 내밀었다. 아주머니가 고개를 들어 나를 보았을 때, 재빨리 자동차를 손가락으로 가리키고는 두 손을 모아 싹싹 빌었다. 아주머니는 인상을 찌푸리며 나에게 뭐라 뭐라 말을 건넸고, 나는 자동차 앞으로 달려가 다시 한번 차를 가리키며 "제발요, 제발요."라고 말하며 발을 동동 굴렀다.

아주머니는 가게 안에 있던 다른 아저씨들과 대화를 나누기 시작했다. 그중 젊은 청년 하나가 주섬주섬 신발을 신고 밖으로 나왔다. 그리고 숙소 사진을 빤히 들여다보며 아주머니와 이야기를 나누더니 고개를 끄덕였다. 그러다 우리와 눈을 마주치고는 차 옆에 있던 작은 오토바이를 가리켰다. 저 작은 오토바이에 세 명이 함께 탈 수는 있는 것인지, 이 사람이 우리 숙소 위치는 아는 것인지 머리가 복잡하다가 지금 그런 거 따질 때냐 싶어 "다 좋아요!"라고 다급하게 대답했다.

내 생애 첫 오토바이였다. 낯선 동네에서 처음 보는 청년 뒤에 바짝 붙어 앉아 타게 될 줄은 몰랐는데. 오토바이가 덜컹하고 움직이면 "으악" 하고 소리를 질렀다가 정신을 차리고 청년에게 운전하는데 놀라게 해서 미안하다고 "뚜이부치"를 읊조리면서 그렇게 숙소로 달렸다.

오토바이를 타고도 숙소로 가는 길은 한참이었다. 언니는 참멀리도 걸어 나왔다며 기가 막힌 듯 웃었다. 새까만 늑대 개도 다시 나와 컹컹거리며 세차게 짖었다. 오토바이로 쌩하고 지나치니 아까만큼 무섭지는 않았다. 그 개는 이번에도 어떤 선에 멈춰서서는 가만히 짖어댔다. 이렇게 집을 열심히 지키는 성실한 개인 줄 모르고 오해할 뻔했다.

익숙한 마을 풍경이 다시 보이자 긴장이 스르르 풀렸다. 저 멀리 숙소가 보이자 감격스러운 마음에 청년의 어깨를 꼭 잡고 몇 번이고 고맙다고 말했다. 백미러 안의 청년은 말없이 씩 웃고 있었다. 숙소 앞에 오토바이가 섰을 때 고마운 마음에 교통비라도 주고 싶어 주머니에 있던 지폐를 꺼내 청년의 손에 쥐어 주었다. 청년은 아니라며 손사래를 치고는 오토바이를 타고 술래잡기 하듯 나를 피하다가 제대로 인사할 기회도 주지 않고 그렇게 떠나 버렸다.

숙소에서는 진작에 산책을 마친 일행들이 옹기종기 모여 수다를 떨고 있었다. 어디까지 다녀왔느냐는 물음에 우물쭈물하다가 길을 잃어버려서 못 돌아오는 줄 알았다는 말을 하니 또 눈물이 차올랐다. 언니는 아무 일도 없었다는 듯 빙긋 웃으며 슬쩍 자리에 앉았다. 정말이지, 대단한 산책이었다.

기념품의 쓸모

수허구전(束河古镇, 속하고진)

나는 물건을 사기 전에 적어도 열 번은 고민하는 버릇이 있다. 돈까지 썼는데 마음까지 괴로운 건 참기 힘들었다. 그래서 무얼 살 때마다 물건 앞에 가만히 서서 스스로에게 물었다. 정말 필요한지, 집에 가져가서 쓸 것 같은지, 진짜로 맛있을지.

꼭 필요한 돈만 실패 없이 쓰겠다는 습관이 나쁠 일은 없었다. 집에는 꼭 필요한 물건들만 착착 쌓여갔고, 알뜰살뜰하게 살고 있다는 뿌듯함은 덤으로 따라왔다. 그렇게 그 습관은 대단한 신념처럼 굳건해져 갔다. 그런데 가만히 앉아 수허구전에서의 하루를 생각하니 이 믿음이 정답만은 아니라는 생각이 들어 괜히 씁쓸하다.

보이는 것이라곤 나무와 돌이요, 들리는 것이라곤 새소리밖에 없었던 산골짜기를 빠져나와 도착한 마을 수허구전은 그야말로 별천지였다. 거리에는 사람들이 바글바글했고, 형형색색의 천과

장신구, 가죽공예 기념품을 파는 가게들이 길게 늘어서 있었다.

왁자지껄한 소리와 현란한 불빛들이 쏟아져 나오는 거리를 마주하니 마음이 들썩거리기 시작했다. 그런데 그것도 잠시, 가게에 들어가 '물건 사기 모드'로 나를 변환시킨 순간 한껏 올랐던 흥이 슬금슬금 식어버리고 말았다. 서울에 도착해서 짐을 풀 때쯤에는 분명 후회할 거라며 마음의 브레이크를 걸기 시작하니 무엇 하나 사고 싶은 게 없었다. 신나게 쇼핑을 하는 사람들 옆에서 물건을 보는 둥 마는 둥 하다 보니 시간은 싱겁게 흘렀고 그렇게 빈손으로 숙소로 돌아갔다.

다음 날 아침 일찍 산책하러 문을 나섰다. 쿵작쿵작 노래가 흘러나오고 사람들이 와글와글 몰려다니던 어젯밤의 수허구전은 온데간데없었다. 차마고도의 역참을 하던 그 옛날부터 닳고 닳아 반들반들해진 돌바닥도 그제야 보였다. 매끈한 돌길을 밟으며 이리저리 다니다 보니 고즈넉하고 수수한 마을의 모습이 눈에 들어왔다.

위룽쉐산에서부터 흘러왔다는 물은 나보다 한 계단 아래에서 마을 곳곳을 누비고 있었다. 물과 돌바닥이 아침 햇살을 만나 내내 반짝거렸다. 길을 걷다 가끔씩 보이는 동파문자(东巴文字)[3]와

---

3 윈난성 나시족이 사용하는 상형문자. 현재까지 유일하게 사용하고 있는 상형문자다.

돌바닥에 쓰여 있는 정체 모를 한자들도 귀엽고 다정했다.

시계를 보니 어느덧 집합 시간이었다. 가게들도 하나, 둘 문을 열기 시작했다. 돌아가는 길에 뭐라도 사볼까 하는 마음으로 다시 가게를 둘러보았다. 하지만 사람이 하루아침에 바뀔 리 없었다. 길에서 파는 예쁜 슬리퍼 앞에 서서 한참을 망설이다 관뒀고, 산양유로 만들었다는 요거트도 들었다 놓았다 하다가 끝내 사먹지 못했다.

숙소에 모인 사람들은 저마다 산 기념품을 보여주며 하하 호호 웃었는데 뭐 하나 산 것 없는 나는 힐끔힐끔 물건들을 쳐다볼 뿐이었다. 그때는 괜한 물건 사지 않고 잘 참았으니 아주 잘했다며 혼자서 애써 속을 달랬는데, 다시 생각해보니 그게 아닌 것 같다.

조금은 허술해도, 매일 쓰는 물건이 아니라도 기분에 취해 몇 개 좀 사볼걸. 그날 그렇게 꾹꾹 참기만 하면서 이도 저도 아닌 시간을 보내지는 않았을 텐데. 책상 서랍 깊숙이 처박아 놓더라도 몇 년이 지나 툭 튀어나온 물건을 보면서 '수허구전에서 이런 물건도 샀었지' 하면서 한 번 더 그날의 기억을 꺼내 볼 수 있었을 텐데.

그때는 몰랐던 기념품의 쓸모를 이제는 알겠다. 갑갑한 일상의 규칙에서 멀리 벗어나 본 것을 기념하고, 머나먼 곳으로 떠난

적이 있다는 사실을 일상에서 떠올리게 하는 것. 그러니까, 여행에서는 가장 무용하고 이상한 물건이 역할에 제일 충실한 기념품이 될 수 있다는 것. 다음번 여행에서는 가장 이상한 기념품을 사봐야겠다.

수허구전은 리장고성에서 7km 정도 떨어진 곳에 있는 오래된 마을이다. 나시족이 리장에서 가장 먼저 거주한 곳 중 하나로 나시어로는 '높은 봉우리 아래 있는 마을'이라는 뜻의 사오우(绍坞)라고 한다. 차마고도의 중요한 역참이었던 수허구전에는 여전히 그 흔적이 잘 보존되어 있다. 세월과 함께 닳고 닳아 반짝거리는 돌다리, 석판로(石板路)가 자아내는 분위기가 고즈넉하고 아름다운 곳이다.

1

차마고도
Tea Horse Road

디칭

迪庆

당신의 행운을 빌어요

디칭 티베트족 자치구(迪庆)

이게 다 아홉수 때문이었다. 무탈해 보이던 연애가 와르르 무너진 것도, 때아닌 출장으로 말 한마디 안 통하는 상하이에 가게 된 것도 팔자 사나운 아홉수 탓이었다. 겉보기엔 멀쩡했으나 마음속은 가시덤불이 들어앉은 듯 자주 아팠다. 내 마음대로 되는 게 하나도 없었다.

그래도 여름 휴가지는 내가 직접 고를 수 있지 않겠냐며 정한 곳이 윈난성 디칭(迪庆)이었다. 천국 같은 풍경이 있다는 설산에, 금빛 사원에, 2년 전에 가지 못했던 스터우청(石头城, 석두성)에 갈 생각을 하면 그나마 숨통이 트이는 것 같았다.

역시 아홉수였다. 어김없이 날은 흐렸고 그토록 보고 싶었던 설산은 구름 뒤로 자꾸 숨었다. 지긋지긋한 고산 반응은 시도 때도 없이 찾아왔고, 여전히 나는 산속에서 힘들어했다. 그런데 숨이 넘어갈 것 같은 얼굴로 걷고 있으면 옆에 가던 티베트 사람들이 나에게 인사했다.

"타시텔레."

타시텔레는 '행운을 빌어요'라는 뜻의 티베트 인사말이다. 공교롭게도 디칭은 티베트어로 '행운이 깃드는 곳'이라는 뜻이란다. 복이 가득한 땅에서 나의 행운을 빌어주는 사람이 많아서였을까. 여행을 마치고 돌아오는 길에는 한껏 날이 서 있던 마음이 적잖이 누그러졌다. 비록 내 뜻대로 된 건 아무것도 없었지만.

여행 시기 2015년 8월
여행 기간 7일
여행 방법 친구와 함께 / 가이드와 함께 여행
중국어 가능 정도 중국어로 간단한 인사 가능

마침내 설산에 도착했다

메이리쉐산(梅里雪山, 매리설산)과 위벙 마을(雨崩村)

핸드폰에서 울부짖는 그의 소리가 흘러나왔다. 전화 너머의 말이 잠깐 멈추면 미안하다고 했다. 내가 그동안 너를 그렇게 숨 막히게 했을 줄 몰랐다고. 그러다 울컥해서 한 마디라도 거들면 댐이라도 터진 것처럼 백 마디 말이 우르르 몰려와 나를 덮쳤다.

새벽 두 시였다. 상하이보다 한 시간 빠른 서울의 시간을 생각하니 얘는 도대체 5년 동안 얼마나 많은 한이 쌓인 것인가 싶어 정신이 아득해졌다. '내일 일찍 출근해야 하는데' 하는 생각이 들자 어떻게든 빨리 끊고 자고 싶었다. 잠보다 못한 이별을 하게 될 줄은 몰랐는데 그렇게 끝이 나고 말았다.

자고 일어나니 여느 때와 같은 날이었다. 사무실로 사람들이 들어올 때마다 웃으며 인사를 했고 밀려드는 일을 하나씩 하다 보니 시간이 훌쩍 지났다. 어젯밤 헤어졌다는 사실이 꿈처럼 느껴졌다. 이토록 멀쩡한 나는 더욱 가짜 같았다.

이따금씩 정신이 멍해지는 것 빼고는 별다를 것 없는 하루들이 흘렀다. 그러던 어느 날 점심시간에 함께 출장 온 동료 딩이 윈난성 이야기를 했다. 만나는 사람마다 여행지로 윈난 만한 곳이 없다며 추천을 했단다. 나도 2년 전에 윈난성 후탸오샤에 다녀왔던 이야기를 하며, 내 이상형 같은 산이 있는 곳이라며 말을 거들었다. 가만 듣던 딩이 대뜸 여름 휴가 때 함께 윈난에 가지 않겠냐고 물었다.

문득 누군가에게 들었던 메이리쉐산(매리설산)이 떠올랐다. 다시 가고 싶은 여행지가 없었는데 여기는 한 번 더 가고 싶다며 보여준 사진 속에는 설산이 보이는 천국 같은 풍경이 있었다. 그 순간 내 머리 속에 철커덕하고 메이리쉐산이 들어오는 소리가 났다. 그곳이라면 뿌옇게 흐려진 머릿속을 닦아낼 수 있을 것 같았다.

아무래도 자유 여행은 힘들 것 같아 여행사를 찾았다. 하지만 메이리쉐산에 가는 곳이 없어 프리랜서 가이드를 섭외했다. 코스를 어떻게 짜면 되겠냐는 물음에 나는 메이리쉐산만 가면 된다고 했다. 가이드와 현지 기사, 숙소까지 모두 합쳐 견적을 받으니 생각보다 비용이 꽤 들었다. 부쩍 둔해진 감각 탓이었을까, '에라 모르겠다' 하는 마음으로 끝까지 밀어붙였다. 다시 시간이 흐르고, 정신을 차리고 나니 메이리쉐산이었다.

어마어마한 장관이 펼쳐질 줄 알았는데 투박한 오르막길만 덩그러니 있었다. 숨이 턱밑까지 찼고 다리는 끝도 없이 무거워졌다. 그제야 후탸오샤에서 힘들어했던 내가 떠올랐다. 아차 싶었지만 그냥 걷는 것 외에는 달리 방법이 없었다. 그래도 오르다 보면 마침내 장엄한 설산을 볼 수 있을 거라고 믿으며 앞으로 나아갔다.

가는 길에는 사람들이 꽤 많았다. 빨간 승복을 입은 티베트 스님들도 있었고, 아이를 업고 가는 아주머니도, 한창 쑥쑥 자랄 나이의 어린이들도 있었다. 나는 어떻게 하면 덜 걸을 수 있을지 눈을 굴리기 바빴는데, 그 사람들은 길을 가다가 돌탑이 있으면 꼭 한 바퀴 돌며 기도를 했다. 그러다 나와 눈이라도 마주치면 방긋 웃으며 말했다.

"타시텔레."

'행운을 빌어요'라는 뜻의 인사를 들으면 주저앉고 싶다가도 몇 걸음 더 걸어갈 힘이 났다. 죽상을 하고 걷는 나를 빤히 바라보던 할머니가 주머니에서 동그란 짠바(糌粑, 곡물가루에 야크젖을 섞어 만든 티베트 전통 음식) 하나를 건네주기도 했다. 거칠한 짠바를 씹으며 죽을 둥 살 둥 몇 번의 오르막을 견디고 나니 위벙 마을(雨崩村)이었다.

자그마한 집들이 옹기종기 모여 있는 마을 중앙에는 넓고 푸른 초원이 있었다. 낯이 익다 싶어 곰곰이 생각해보니 사진 속에 있던 바로 그 마을이었다. 사원도, 초원도 모두 사진 속 모습과 똑같았는데 딱 하나가 달랐다. 그 마을에는 사진 속 설산이 없었다.

복잡한 마음으로 저녁을 먹으러 갔다. 하루 종일 땀을 뻘뻘 흘리며 걸었는데도 입맛이 없었다. 어쩐 일인지 음식 냄새가 코에 닿자 속이 메슥거렸다. 결국 밥 먹다 말고 밖으로 뛰어나가 속에 있던 것을 모두 게워내고 말았다. 모든 걸 토해내고도 답답함만 남은 하루가 그렇게 저물었다.

이튿날에는 비가 왔다. 밖으로 나가 보니 설산도 모자라 초원까지 안개로 하얗게 덮여 있었다. 이른 점심을 먹고 마을에서 6km 떨어진 곳에 있는 폭포, 위붕선푸(雨崩神瀑)에 다녀오는 일정이었다. 아무것도 못 본 채 하루를 보내고 싶지는 않아 으슬으슬한 몸을 이끌고 함께 가기로 했다. 그렇게 우비를 꺼내 입고 초원을 가로질러 산속으로 다시 들어갔다.

비에 젖은 흙이 신발에 붙어 질척거렸다. 빗물에 젖은 돌을 잘못 디뎌 넘어지기라도 하면 나귀 똥 범벅이 된 저 흙탕물에서 뒹굴 수 있다는 생각에 자꾸만 온몸에 힘이 들어갔다. 오르막길에 들어서자 또 속이 메슥거려왔다. 몇 번 헛구역질을 하다가 안 되겠다 싶어 폭포 보는 걸 포기하고 돌아가겠다고 했다.

혼자서 갈 수 있다고 말했지만 돌아가는 길은 만만치 않았다. 처음에는 빨리 가서 쉬어야 한다는 생각에 정신없이 걸었는데, 시간이 흐를수록 두려움이 스멀스멀 올라왔다. 비가 그쳐 우비를 벗는데 이상한 소리가 들려 위를 보니 멧돼지 두 마리가 있었다. 이건 또 무슨 일인가 싶어 놀라 몸이 굳었다. 그런데 내 앞에 있던 사람들은 그걸 보고도 별것 아니라는 듯 심드렁하게 계속해서 길을 걸어갔다. 나도 정신을 차리고 그 사람들 뒤에 바짝 붙어 따라 걸었다.

산 너머에서 걸어온 사람들이었다. 아저씨는 지팡이를 짚고 다리를 절뚝거리며 걸었고, 아주머니는 빨간 승복을 입고 있었다. 사춘기를 막 지난 듯한 남자아이는 배낭을 짊어진 채 아저씨를 부축했다. 그 뒤에는 머리를 곱게 딴 여자아이가 있었다.

그 사람들이 길을 걸으면 나도 걷고, 쉬면 따라 쉬었다. 옆에 앉아 눈치를 보다가 함께 걸어도 되냐고 물으니 모두가 웃으며 고개를 끄덕였다. 어색한 마음에 괜히 여자아이에게 "몇 살이야, 어디서 왔니?" 하고 물었다. 그 아이는 눈을 똥그랗게 뜨고 가만히 나를 쳐다볼 뿐 말이 없었다. 수줍어서 그런가 싶어 조용히 걸었는데 여자아이는 이따금 뒤를 돌아 내가 잘 따라오고 있는지를 살폈다.

한 시간쯤 걷고 나니 익숙한 초원이 다시 나타났다. 이렇게 푸르고 드넓은 곳인 줄 아침에는 몰랐다. 발걸음이 가벼워졌다. 저 멀리 숙소도 보였다. 길을 따라 곧장 걸어갈 줄 알았는데 내 앞에 가던 사람들이 방향을 틀어 마을 중앙의 사원으로 걸어 들어갔다.

아저씨와 아주머니가 사원의 마당에서 불상을 잠시 올려다보다가 온몸이 땅에 닿도록 바짝 엎드려 절을 했다. 아이들은 그 뒤에 가만 서 있다가 어른들을 따라 법당으로 올라갔다. 한참 있다 나오더니 이번에는 법당 옆에 있는 방으로 들어가 커다란 마니차[4]를 돌렸다. 사원에서 나오는 그 얼굴들이 며칠 동안 보지 못한 태양을 대신해 밝게 빛났다.

사원에서 나와 다시 길을 걸었다. 그런데 아저씨가 갑자기 멈춰서더니 남자아이가 메고 있던 배낭을 받아 들었다. 짐을 번갈아드는 건 줄 알았는데 고개를 숙여 인사를 하더니 아저씨 혼자 다른 길로 뚜벅뚜벅 걸어갔다. 그분이 당연히 아이들의 아버지인 줄 알았는데, 길에서 만난 동행이었다는 걸 그때 알았다.

나머지 일행과 나는 간단히 인사를 나누고 숙소 앞에서 헤어졌다. 그들은 내가 전날 걸어 내려온 길을 따라 마저 올라갔다.

---

4 티베트 불교에서 사용하는 원통형의 도구로 티베트 불교 경전이 들어 있다. 티베트 사람들은 마니차가 돌아가면 부처님의 힘이 세상으로 퍼진다고 믿는다.

디칭

방에 들어오자마자 전기장판을 켜고 침대에 누웠다. 뜨끈한 기운이 돌자 으슬으슬했던 몸이 녹아내리는 것 같았다. 머리가 깨질 듯이 아프더니 온갖 생각이 머릿속을 기어 다녔다.

내가 도대체 뭐 한다고 여기까지 왔을까. 여길 떠나기 전에 설산을 볼 수는 있을까. 그나저나 그 사람들은 비가 오는데도 어떻게 그렇게 환하게 웃으며 걸을 수가 있지. 비가 오는 산길에서 처음 보는 사람의 짐을 대신 들어주는 마음은 도대체 뭘까.

어디선가 딸랑딸랑하는 방울 소리가 은은하게 들려왔다. 창밖을 보니 먼 길 나갔던 나귀들이 한 줄로 서서 터벅터벅 돌아오고 있었다. 나귀들이 모두 우리로 들어가자 비가 다시 부슬부슬 내리기 시작했다.

구름이 다시 산을 덮었다. 저 너머에 설산이 아니라 바다가 있다고 해도 믿겠다 싶은 풍경을 보고 있자니 기가 막혔다. 그때 초원 한가운데 있는 사원이 눈에 들어왔다. 자꾸만 화가 났다. 나도 그 사람들처럼 이곳에서 감격하고, 웃고 싶었는데. 어디에라도 화풀이를 하고 싶었다. 다시 옷을 챙겨 입고 문을 나섰다.

사원으로 성큼성큼 걸어 들어갔다. 계단을 올라가니 법당 안에 앉아 있는 스님이 보였다. 물이 뚝뚝 떨어지는 우산을 들고 문간에 가만 서 있는 나를 본 스님이 들어오라고 손짓했다. 양말을 신지 않아 들어가지 못한다고 하자 스님은 괜찮다며 다시 한번 들어오라고 했다. 문가에 엉거주춤 서서 스님에게 물었다.

"…제가 여기서 어떻게 해야 하나요?"

스님이 빙긋 웃고 말했다. "여기 중앙으로 와볼까요. 손을 모으고, 이마에 대고 나서, 무릎을 꿇고, 절을 합니다. 일어나서, 두 손을 모아 합장하고, 그래요, 인사하세요." 얼떨떨하게 서 있는 나에게 스님이 다시 한번 말했다.

"잘 왔어요. 그럼 저기 뒤에 있는 부처님한테 가서 인사하고 올까요?"

사원의 벽을 따라 법당 뒤에 있는 부처님 앞으로 쭈뼛쭈뼛 걸어갔다. 코앞에 있는 부처님을 가만히 바라보다가 두 손을 다시 모으고 고개를 숙였다. 눈물이 후드득 떨어졌다.

"사실 제가 많이 슬퍼요. 너무너무 슬퍼요."

한참을 그렇게 서서 울었다. 바깥에서 '쏴아' 하고 비 쏟아지는 소리가 났다. 내가 그토록 원했던 메이리쉐산에 도착했다.

메이리쉐산을
순례하는 사람들

티베트 불교에는 성지를 따라 산을 도는 전산(转山)이라는 종교 활동이 있다. 전산은 티베트 민족 사이에서 전해 내려오는 중요한 문화로 지금까지도 수많은 사람들이 행하는 활동이다. 보통 전산을 할 때는 우산, 우비를 사용하지 않으며, 말이나 나귀를 타지 않고, 간단한 짐만 등에 멘 채 경건한 마음으로 걸으며 공덕을 쌓는다.

메이리쉐산의 가장 높은 봉우리 카와거보(卡瓦格博, 해발 6,740m)는 티베트 사람들의 성지로 티베트 불교 4대 신산 중 하나이기도 하다. 위벙 마을, 위벙선푸는 메이리쉐산 전산을 할 때 꼭 들르는 장소들이다.

위벙 마을이 성지가 된 전설이 하나 있다. 옛날 옛날에 승락금강(胜乐金刚, 차크라 삼바라)이 불쌍한 중생들을 위해 성지 백 곳의 문을 열 수 있는 열쇠를 시에리벙(垤里崩)이라는 커다란 바위에 숨겨 두었다. 시간이 흐르고 흘러 사람들이 불법을 멀리하는 말법시대에 이르자 그 바위가 저절로 열렸다. 사람들이 그 안에 있던 열쇠를 꺼내자 모든 성지의 문이 열렸고, 비로소 평화롭고 복이 넘치는 신성한 장소에 일반 사람들도 들어갈 수 있게 되었다. 승락금강이 열쇠를 넣어 두었던 그 바위가 바로 위벙 마을 사원 옆에 있다.

내가 끝내 가지 못했던 폭포인 위벙선푸에도 전설이 얽혀 있다. 전해 내려오는 이야기에 따르면, 위벙선푸는 카와거보신이 하늘 신으로부터 돌려받은 성수라고 한다. 티베트 사람들은 폭포에서 내려오는 얼음장 같은 물로 몸을 씻으면 고통을 씻어낼 수 있다고 믿는다.

불안한 선택 다음에 오는 것

니룽 협곡(尼龙峡谷)

깜깜한 밤, 식당에서 회의가 열렸다. 원래 내려가려던 길에서 얼마 전 인명 사고가 났다고 했다. 비가 와서 길이 미끄러운 바람에 일이 벌어졌단다. 그러니까 우리의 안건은 안전하게 왔던 길로 되돌아가느냐, 아니면 조금 불안하긴 하지만 새로운 길로 내려가느냐 하는 것이었다.

같이 온 딩은 머뭇거리다가 그 지루한 길로 다시 가고 싶지 않다며 새로운 길로 가자고 했다. 안전이 제일인 나는 왔던 길로 되돌아가고 싶었다. 나귀를 타고 가면 같은 길도 다르지 않겠냐며 설득을 하고 싶은 마음이 굴뚝 같았지만 차마 그 말이 입 밖으로 나오지 않았다.

생사의 갈림길에 선 기분이었다. 불안함에 심장이 두근거리기 시작했다. 오늘 그 길로 올라오는 사람마다 붙잡고 물어보니 모두 괜찮았다고 대답하더라는 가이드의 말에 결국 새로운 길로 산을 내려가기로 했다.

동이 트기도 전에 눈이 떠졌다. 주섬주섬 옷을 챙겨 입고 밖으로 나갔다. 안개는 이 동네에 눌러앉기로 한 건지 저 산 너머까지 짙게 깔려 있었다. 마지막 산책이니 마음을 곱게 써서 충분히 아름다운 풍경이라 받아들이고 싶었는데 나는 한없이 부족한 중생이었다. 끝끝내 너란 설산은 얼굴 한 번 보여주지 않는다며 마냥 서운해했다.

서서히 날이 밝아 왔다. 우리는 간단히 아침을 먹고 길을 나섰다. 내려가는 길은 고요했다. 축축한 안개만 이따금 몰려와 곁을 지나갈 뿐이었다. 그러다 예기치 못한 곳에서 사람들이 등장하곤 했다. 외딴곳에 뜬금없이 자리한 통나무집에서 이제 막 걸음마를 뗀 아기가 아장아장 걸어 나온다거나, 좁고 험한 산길로 어떻게 올라왔나 싶은 오토바이 탄 청년을 만난다거나 하는 식이었다.

그래도 걱정했던 것만큼 길이 어렵지는 않았다. 고도가 조금씩 낮아져서인지, 점점 다채로워지는 풍경 덕인지 숨을 쉬는 것도, 걸음을 내딛는 것도 점점 편안해졌다. 깊은 숲에서 벗어나니 저만큼 앞서가는 사람들도 보이기 시작했다. 내려오는 길은 아기자기한 맛이 있다며 종알거릴 만큼 여유가 생겼을 때, 우리 앞에 거대한 협곡이 나타났다.

처음에는 나무가 우거진 골짜기 하난 줄 알았는데, 거친 바위와 퍼석한 비탈길이 만들어낸 협곡이 굽이굽이 펼쳐져 있었다. 금방이라도 바위가 우르르 쏟아져 내릴 것 같은 가파른 비탈 아래에는 한 사람이 걷기 딱 좋을 만큼의 길이 좁다랗게 나 있었다. 그 길을 조심조심 따라 걷다가 뒤를 돌면 당장이라도 나를 덮쳐버릴 것 같은 광대한 골짜기가 눈에 들어왔다.

앞서거니 뒤서거니 하며 함께 걷던 딩이 내셔널 지오그래픽 화보 속으로 들어온 것 같다며 잔뜩 상기된 얼굴로 뚜벅뚜벅 다가왔다. 지금 거기 서 있는 모습이 여전사 같으니 가만있어 보라며 나는 카메라를 들었다. 포즈라면 누구에게도 지지 않을 딩이 자세를 잡았다. 나는 엉거주춤 바닥에 앉아 조심조심 셔터를 눌렀다.

어젯밤 새로운 길로 가보자던 딩의 단단한 얼굴이, 어쩌면 못 보았을 웅장한 협곡이 '찰칵' 하고 찍혔다. 들고 있던 카메라를 내리니 탁 트인 풍경이 다시 한번 눈에 쏟아져 들어왔다. 설산을 못 봐 토라졌던 마음이 조금씩 풀리기 시작했다. 시원하게 뻗은 협곡을 따라 마저 걸었다. 저 멀리 도착점이 보였다.

우리가 걸었던 트레킹 코스는 1일 차에 시당 마을(西当村)에서 출발하여 위벙 마을까지 걷기(약 17km, 7-8시간), 2일 차에 위벙선푸 다녀오기(약 10km, 4-5시간), 3일 차에 니롱 협곡(7-8시간)으로 하산하는 일정이었다. 대부분 등산객들이 시당에서 위벙으로 들어와 니롱 협곡으로 나가는 코스로 트레킹을 한다. 니롱 협곡은 위벙에서 내려가는 길에 있는 협곡이다. 좁다란 길옆에는 낭떠러지가 있어 마냥 안전한 길은 아니지만 길 자체가 가파르거나 험하지는 않다. 1m가 채 안 되는 좁은 흙길이라 비가 오거나 바람이 심하게 부는 날에는 위험하니 꼭 현지 사정을 확인해야 한다. 또한 유사시 도움을 구할 수 있도록 가이드가 있는 단체 여행으로 가거나, 개인으로 갈 경우 다른 등산객들과 함께 걷는 것이 좋다.

디칭

막다른 곳에서 시작된 이야기

스터우청(石头城, 석두성)

차가 덜커덩거린 지도 두 시간이 지났다. 산등성이를 따라 굽이 돌 때마다 좌우로 몸이 쏠리고 돌멩이가 바퀴에 걸릴 때마다 쉴 새 없이 엉덩방아를 찧었다. 운전대를 잡은 기사님도 멀미를 할 만큼 험한 길을 달려 우리가 도착한 곳은 스터우청이었다. 2년 전, 비가 와서 오지 못했던 그곳이었다.

강 가까이에 있는 자그마한 산 위에 검은 지붕이 촘촘하게 박혀 있었다. 까만 집이 미처 채우지 못한 산등성이에는 짙푸른 다랑논이 층층이 자리 잡고 있었다. 그 마을은 보호색이라도 칠한 건지 집이 나무인 듯, 논이 수풀인 듯 깊은 산 속 풍경에 흠뻑 스며들어 있었다.

처음 사람들이 이곳에 온 건 원나라 몽골군에 쫓겨서였다. 나시족 사람들이 리장까지 쳐들어온 군사들을 피해 가족들을 데리고 찾은 곳이 바로 스터우청이었다. 삼면이 모두 절벽이고 비탈

길이 강과 맞닿아 있는 스터우청에 들어오기 위해서는 반드시 남쪽, 북쪽에 난 문을 통해야만 했다. 두 개의 문만 지켜내면 그 누구도 들어올 수 없는 이곳은 더할 나위 없이 좋은 요새였다.

막다른 곳에 내몰려 오게 된 이곳은 뜻밖에 나시족의 새로운 터전이 되었다. 험한 지형인지라 사람이 살기 좋은 곳은 아니었지만 부단히 노력한 끝에 사람들은 있는 그대로의 지세를 이용하여 길을 내고 집을 짓고 성을 쌓았다. 700년이 지난 지금, 스터우청에는 800여 명의 나시족이 살고 있다.

차곡차곡 쌓아 올린 돌담을 따라 낯선 동네를 산책했다. 마을의 한가운데 있는 커다란 광장에는 파란 모자를 쓴 어르신들의 수다가 한창이었다. 광장을 지나 가파른 비탈길을 조심조심 걷다 보면 저 멀리 언덕배기에서 이불을 터는 아주머니라던가, 나무다리 위에서 장난을 치는 아이들이 보였다.

나는 딩과 함께 느릿느릿 걸으며 수다를 떨었다. 돌담이 둥글게 난 언덕배기에서는 싱거운 농담이 드문드문 오갔다. 해 질 무렵에는 마을의 끄트머리에 나란히 앉아 가만가만 흐르는 강물을 바라보며 마음속에 있던 이야기를 꺼냈다.

나는 쫓기듯 끌려 온 상하이 출장이었기에, 가고 싶다고 손을 번쩍 들고 왔다는 네가 그렇게 부러웠다고. 한국에서는 이름도 몰랐던 너와 상하이에서 만나 이렇게 산골짜기까지 함께 오게

될 줄은 몰랐다고. 우리의 이야기는 서로를 알게 되기 전으로 거슬러 올라갔다가 저 먼 미래까지 흘러갔다. 흙빛 강물이 까맣게 물들 때까지 우리는 불쑥 고개를 드는 질문들을 강물에 띄워 보냈다. 우리는 어디로 흘러가게 될까. 아니, 어디로 흘러가고 싶은 걸까.

스터우청은 리장에서 110km 정도 떨어진 곳에 위치한 나시족 마을이다. 리장에서 출발하여 차를 타고 가면 6~7시간 정도 걸린다. 스터우청에 가려면 해발 4,000m가 넘는 고개를 올랐다가 다시 2,300까지 내려오는 험한 산길을 굽이돌아야 한다. 낭떠러지 같은 도로를 2시간 정도 달려야 해서 가는 길이 고되지만, 도착하면 힘든 것도 잊게 될 만큼 아름다운 곳이다. 스터우청에 가는 차편은 따로 없으며 승합차를 직접 섭외하여 가야 한다.

2

도시 예찬
City Life

광저우
广州

푸근한 도시의 맛

광저우(广州)

광활한 자연에서 삶을 척척 꾸려가는 탐험가를 동경했었다. 내가 지금은 회사에 매여 있어서 그렇지, 시간만 주어진다면 나도 그런 사람이 될 수 있을 거라 믿었다. 하지만 막상 그런 여행을 해보니 낯선 자연에서의 나는 매번 당황하고 쩔쩔매는 어설픈 사람이었다. 심지어 내가 간 곳이 그렇게 오지도 아니라는 사실이 나를 더 좌절하게 만들었다.

결국 수많은 여행지 후보들을 건너뛰고, 베이징과 상하이 다음으로 크다는 광저우로 도망치듯 향했다. 소수민족이 산다는 동네로 들어갈 생각을 하면 걱정이 무더기로 쏟아졌는데, 광저우 생각을 하면 하고 싶은 것이 우수수 솟아올랐다.

늦은 아침에 딤섬도 먹고, 햇살 좋은 날에는 19세기 중엽에 지어진 서양식 건물이 잔뜩 있다는 동네도 가고 싶었다. 오랜만에 맛있는 커피도 마시고 싶고, 아늑한 서점에서 온종일 책을 읽으며 놀고 싶었다. 어렸을 적 소풍 가기 전날도 이러지 않았는데 광저우 가기 전날 밤은 설레는 마음에 잠도 오지 않았다.

그렇게 도착한 광저우는 푸근하고 친근했다. 동글동글하게 들리는 광둥어를 닮은 이곳에서는 도시 특유의 날카롭고 예민한 분위기가 느껴지지 않았다. 게다가 섬세하게 맛의 균형을 잡아 사람을 감동시키는 담백한 광둥 음식은 하루 세 번 나를 행복하게 만들었다.

물 만난 고기처럼 이 도시를 마음껏 쏘다닐 수 있어서 좋았다. 그렇게 나는 내가 뼛속까지 도시 사람이라는 사실을 기쁜 마음으로 받아들이게 되었다. 산골 마을에서 힘들고 주눅 들어 있을 때는 그럴 정신도 없더니, 광저우에 있는 동안은 한국에 있는 친구들에게 자주 연락을 했다. 우리 이다음에 같이 광저우 놀러 오자고.

_____

여행 시기 2017년 10월
여행 기간 10일
여행 방법 친구와 함께 / 자유 여행
중국어 가능 정도 중국어로 기초적인 의사소통 가능

내 마음의 화룡점정

광저우 딤섬

먹었을 때 '입 안이 꽉 차는 맛'을 좋아한다. 입 안에 음식만 꽉꽉 찬다고 '입 안이 꽉 차는 맛'이 되는 건 아니다. 한입 베어 물었을 때 입 안 가득 풍성하게 확 퍼지는 맛, 씹으면 씹을수록 맛과 향이 부드럽게 입 안 구석구석에 퍼져 나가 꿀떡 넘기기 싫은 그런 맛이어야 '입 안이 꽉 차는 맛'이라고 할 수 있겠다.

나에게 딤섬(点心)은 '입 안이 꽉 차는 맛'이 나는 음식 중 하나다. 그래서 광저우가 딤섬의 본고장이라는 사실을 알게 되었을 때 무척 설렜다. 더군다나 늦은 아침에 가족과 함께 찻집에 나와 느긋하게 차와 함께 딤섬을 먹으며 수다를 떠는 '탄차(叹茶, 차를 즐기며 한담하다)'라는 멋진 생활방식은 상상만 해도 입꼬리가 올라갈 정도로 매력적이었다.

딤섬과의 첫 만남은 리완후 공원(荔湾湖公园) 한편에 자리 잡은 판시주자(泮溪酒家)에서였다. 판시주자는 또 하나의 공원이라

해도 믿을 수 있을 정도로 규모가 어마어마했다. 종업원을 따라 걸어가고 또 걸어가도 커다란 홀이 계속 나왔다. 홀 안에는 원형 탁자에 딤섬 한 상을 푸짐하게 차려 놓고 하하 호호 이야기하는 사람들이 한가득이었다.

호수 공원의 풍경이 시원하게 보이는 자리에 앉았다. 호수 한 가운데 둥실 떠 있는 기분으로 점심을 먹을 생각을 하니 신이 났다. 종업원이 가져다준 메뉴판을 받아 들고는 깜짝 놀랐다. 메뉴판에는 수십 개의 딤섬 이름이 빼곡하게 적혀 있었다. 메뉴에 나온 사진을 유심히 보고 더듬더듬 글자를 읽어가며 주문을 마쳤다.

주문을 확인한 종업원은 이번에는 차 메뉴판을 가리키며 함께 마실 차를 고르라고 했다. 화창한 날씨와 어울릴 것 같아 싱그러운 향이 나는 녹차를 달라고 했다. 테이블 옆에 찻상이 도착했다. 종업원이 능숙한 손놀림으로 찻주전자에 물을 따라 차를 우려주었다. 빈속에 차 한 잔이 들어가니 속이 뜨끈하게 데워졌다.

가장 먼저 탕에 담긴 커다란 만두 야오주관탕자오(瑶柱灌汤饺)가 나왔다. 맑은 탕을 한 숟갈 떠먹는 순간, 깊고 풍성한 국물이 온몸을 향해 퍼져나갔다. 국물 속에 얇은 피를 살랑이며 놓여 있던 만두를 한입 베어 물었다. 첫 딤섬의 등장에 이미 따끈한 차와 국물로 먹을 준비를 마친 배가 환호하는 것 같았다.

이 집에서 가장 유명하다는 샤자오(虾饺, 새우 딤섬, 하가우)는 그야말로 '입 안이 꽉 차는 맛'의 정석이었다. 투명하고 얇은 만두피에 새우살의 영롱한 분홍빛이 슬쩍 비치는 모습도 단정하고 고왔다. 젓가락으로 슬쩍 집어 한입 베어 물었을 때 새우의 육즙이 팡팡 터지며 입 안에서 부서졌다. 새우살은 씹기 미안할 정도로 탱탱했다. 씹을 때마다 톡톡 터지는 식감에서 즐거운 긴장감마저 느껴졌다.

딤섬이 나오자마자 순식간에 먹어 치운 탓에 식사의 흐름이 끊길 때는 차를 마셨다. 살짝 쌉쌀한 녹차가 입을 산뜻하게 헹구어주어 다음 요리를 경건하게 기다릴 수 있었다. 차를 마시다 문득 고개를 돌려 창밖의 호수를 바라보니 완벽한 오전을 가진 기분이었다.

그다음 나온 뉴러우창펀(牛肉肠粉)은 그릇에 기운 없이 널브러진 모습이었다. 못생긴 겉모습과는 달리 먹어보니 창펀의 맛은 놀라울 정도로 매력이 넘쳤다. 야들야들한 쌀 피와 그 안에 살포시 자리 잡은 소고기는 방심하면 입으로 꿀떡하고 넘어갈 정도로 부드러웠다. 소고기가 살짝 느끼하게 느껴질 때, 창펀과 함께 누워 있던 청경채를 한입 먹으면 입 안이 다시 향긋해졌다.

작은 접시 안에서도 기가 막히게 맛의 균형점을 찾아내는 것이 절묘했다. 여러 접시가 올라가 있는 풍성한 식탁에 오후의 차

한 잔을 더하니 입이 헛헛할 틈이 없었다. 모든 감각을 혀에 집중하게 만드는 딤섬의 매력에 반해버리고 말았다.

정말이지 매일매일 먹고 싶은 맛이었다. 밤마다 침대에 누워 다음날 달려갈 딤섬집을 한참 찾다가 잠들었다. 혼자 먹어야 하면 테이블 한편에 자리를 잡고 앉아 합석을 해서라도 먹었고, 맛있는 디저트 딤섬이 있으면 포장해서 숙소에 가져와 두고두고 먹었다. 곳곳에서 먹은 딤섬은 저마다의 특색이 있었지만 한 가지 공통점이 있었다. 먹고 나면 어김없이 기분 곡선이 쑤욱 올라간다는 것.

'마음에 점을 찍어 접하게 한다(点心)'는 말에서 유래 되었다는 딤섬은 내 마음에도 점을 찍었다. 느지막이 일어나 첫 끼로 먹는 딤섬은 기다렸다는 듯 그날의 화룡점정이 되어 주었으니까. 딤섬이 마음과 마음을 이어준다는 말은 정말이었다. 맛있는 딤섬을 먹을 때마다 보고 싶은 친구들에게 대뜸 이렇게 메시지를 보냈으니까 말이다.

"너 나중에 나랑 광저우 와서 딤섬 먹자!"

맛있는 딤섬을 즐길 수 있는
광둥음식점

판시주자(泮溪酒家)

1947년에 개업한 중국에서 가장 큰 정원식 음식점이다. 식당 안에서도 충분히 길을 잃겠다 싶을 만큼 크다. 음식도 음식이지만 20세기 건축유산 명단에 이름이 오른 만큼 건축물도 유명하다. 중국의 유명한 정원 건축가 모보즈(莫伯治)가 설계한 이곳은 흰 벽과 검푸른 기와, 짙푸른 용수나무(榕树)가 어우러진 외관부터 호수 위에 떠 있는 듯한 내부 홀, 고급 룸 앞에 있는 가짜 산 등 내부의 장식까지 볼거리가 풍부하다.

주소 广州市荔湾区龙津西路151号
연락처 020-8172-2788
영업시간 매일 7:00-21:00

광저우주자(广州酒家)

1935년에 문을 연 광저우의 대표 음식점이다. 시관(西关) 원창루(文昌路)에서 홀 하나의 식당으로 시작한 광저우주자는 지금 30여 개의 분점에서 2,000명의 직원이 일하는 대형 기업이 되었다. 광저우주자의 주방에는 중국 및 세계 요리대회에서 수십 차례 상을 탄 딤섬 전문 요리사들도 일하고 있다. 내가 갔던 광저우주자는 바이푸광창(百福广场)점인데 규모가 크고 화려한 데다 무엇보다 맛이 정말 훌륭했다.

주소　　　广州市荔湾区文昌南路2号(文昌总店, 본점)

연락처　　020-8138-0388

영업시간　매일 7:00-14:30, 17:30-20:00

타오란쉬안(陶然轩)

건물 외관부터 화려한 호텔을 연상시키는 이곳은 내부장식도 화려하고 연회, 대형 파티가 어울리는 고급 음식점이다. 광둥미술관 근처 얼사다오(二沙岛)점에서 딤섬을 먹었는데, 모두 기대 이상으로 훌륭했다. 씹는 순간 고기 안에 있던 향긋한 버섯 향이 퍼져 느끼함을 싹 잡아주었던 샤오마이가 특히 기억에 남는다.

주소　　　广州市越秀区二沙岛晴波路15号(얼사다오점)

연락처　　020-3780-1888

영업시간　10:00-15:00, 17:00-22:30(평일), 9:00-15:00, 17:00-22:30(주말)

신비한 나무가 모여 사는 섬

사몐다오(沙面島)

학창 시절 내내 우리 집은 오래된 저층 아파트였다. 맏이였던 내가 중학생이 되자 부모님은 내 방을 따로 만들어주셨다. 원래 옷장과 책장만으로도 버거운 자그마한 창고 방이었는데 책상을 하나 욱여넣자 제법 그럴싸한 공부방이 되었다.

그 방에는 조그마한 창이 있었다. 창밖으로는 키다리 나무들이 줄지어 서 있는 잔디밭이 보였다. 30년이 넘은 아파트 단지에는 5층 건물을 훌쩍 넘는 크기의 나무들이 많았다. 엄마, 아빠는 답답하지 않느냐며 걱정했지만 작은 창밖으로 보이는 나무들 때문인지 그 방에 들어가면 가슴이 탁 트이는 기분이었다. 이런 추억이 있는 나에게 커다란 나무가 가득한 거리를 걷는다는 건 상쾌한 축복이었다.

내가 광저우를 단숨에 좋아하게 된 것도 나무 때문이었다. 대로에도 좁다란 골목에도 커다란 나무들이 떡 하니 서 있어서 좋앉다. 그런데 광저우에는 다른 곳에서 보지 못했던 특이한 모습의 나무가 있었다. 그 나무는 가느다란 가지들을 축 늘어뜨린 자태가 신비롭다 못해 기이했다. 바로 '가는 잎 반얀트리'라는 뜻의 시예룽(细叶榕, Chinese banyan)이었다.

거리에서 드문드문 보던 시예룽을 무더기로 만난 건 사몐다오에서였다. 19세기 영국과 프랑스의 조계지[5]였던 사몐다오에는 100살이 넘은 시예룽이 줄을 지어 서 있었다. 사몐다오에서는 1864년과 1878년, 두 차례에 걸친 대규모 식목 활동이 있었는데 이때 자리 잡고 무럭무럭 자란 나무들이 현재의 사몐다오를 가득 채웠다. 그때 심은 나무의 대부분이 시예룽이다.

시예룽은 '영혼이 있는 나무', '재앙을 막아주는 나무'라 불린다. 신기하게 생긴 모습 때문인 줄 알았는데, 겉모습보다도 더 신비한 이야기가 전해 내려오고 있었다. 옛날 옛적 원나라 병사들에게 쫓기던 사내 하나가 시예룽 아래로 몸을 숨겼다. 숨을 죽이고 있던 찰나, 갑자기 그 나무의 잎이 모두 우수수 떨어지며 사내의 발자국을 모두 잎으로 덮어버렸다. 덕분에 적들은 사내를 더 이상 쫓아갈 수 없었고, 그는 죽을 고비를 넘길 수 있었다.

이 이야기의 주인공은 명나라를 세운 황제 주원장(朱元璋)이

5 중국이 아편 전쟁에서 패배한 후 외국인이 자유롭게 거주하며 치외법권을 누릴 수 있도록 설정한 지역을 말한다.

다. 그는 황제가 된 후 은혜를 갚기 위해 감사의 뜻을 담아 시예롱을 '롱왕(榮王, 영광의 왕)'에 봉했다. 이 이야기가 널리 퍼져 시예롱은 신비한 나무라 알려지게 되었고, 후대까지 많은 사람들의 사랑을 받게 되었다고 한다.

내가 찾아갔던 날의 사몐다오는 주말 오후를 즐기러 나온 사람으로 바글바글했다. 평소 사람이 많은 곳이라면 가슴이 답답해져 빨리 자리를 뜨곤 했는데 이상하게 이곳은 급히 떠나고 싶지 않았다. 우람한 나무 아래에서 하하 호호 신난 사람들도 갑자기 모두 사랑스러워 보였다.

알록달록한 서양식 건물과 어우러져 마음껏 가느다란 가지를 늘어뜨린 시예롱을 곁에 두고 나는 느긋하게 거리를 걸었다. 두터운 나무 기둥을 따라 돌아도 보고 건물보다 높게 뻗은 가지에 무성히 핀 잎을 올려다보면서 걷다 보니 시간이 금세 지났다. 얇은 가지 사이로 스미는 햇빛이 한결 누그러져서 하늘을 보니 일몰 무렵이었다.

사몐다오 끝자락에 있는 강변 공원에서는 사람들이 무리를 지어 노닥노닥 이야기를 나누고 있었다. 오래된 나무가 만든 그늘 아래에서는 사람들이 둥그렇게 모여 아저씨 두 분이 치는 기타 연주를 가만히 듣고 있었다. 바람이라도 살랑하고 불면, 강에서

철썩하는 소리와 함께 시예롱에서 가지런히 내려온 가지들이 찰랑거렸다. 마치 오늘 날씨가 참 좋다는 듯이, 기타의 부드러운 선율이 기분 좋다는 듯이. 문득 이 나무에 정말 영혼이 있다고 믿고 싶어졌다.

영국과 프랑스의 조계 지역이었던 사몐다오에는 당시 지은 교회, 성당, 은행 등이 아직도 남아 있다. 그때 지어진 서양식 건물과 오래된 나무들이 어우러져 독특한 분위기를 만들어내는 이곳은 광저우의 대표적인 관광지이다. 조계지 시절 지어진 건물들은 지금 영사관, 카페, 호텔, 음식점으로 이용되고 있다.

사몐다오에는 100살이 넘은 나무만 150그루가 넘게 있다. 광저우에 있는 노수(老樹)의 절반 정도가 사몐다오에 있는 셈이다. 주강(珠江)과 맞닿아 있는 사몐다오의 끝자락에는 사몐공원(沙面公园)이 있다. 날이 선선하면 강변을 따라 슬슬 산책하기에 좋다. 밤에는 가로등 몇 개만 있어 깜깜하기 때문에, 되도록 날이 밝을 때 가는 것이 좋다.

매직 아워,
골목길에 들어갈 시간
시관(西关)

내가 여행을 할 때마다 매일 단 한 번만 찾아오는 마법의 시간대가 있다. 따가웠던 햇볕이 따사롭게 변하는 시간, 샛노랗던 빛이 주홍빛을 띠는 시간, 그러니까 일몰 두 시간 전부터 일몰까지의 시간, 매직 아워다. 따뜻한 햇볕이 내려앉은 풍경은 마법을 부려놓은 듯 아름답다. 하지만 아름답게 변하는 풍경보다 놀라운 것이 있다. 겁이 많은 나에게도 좁다란 골목에 씩씩하게 걸어 들어갈 용기가 생긴다는 것, 그것이 바로 매직 아워의 진짜 마법이다.

옛 광저우가 고스란히 남아 있는 마을 시관에 도착했을 무렵, 해가 뉘엿뉘엿 지고 있었다. 북적북적 사람들이 오고 가는 좁다란 길 어귀에 섰다. 골목 풍경에 부드러운 빛이 구석구석 내려앉기 시작했다. 매직 아워였다. 나는 두근거리는 가슴을 안고 골목 안으로 걸어 들어갔다.

시관의 골목길은 자전거와 전동차가 다니는 도로이자 아이들이 뛰노는 놀이터로, 조그마한 상점들이 들어선 상가로, 그리고 이웃집의 마당으로 시시각각 모습을 바꾸며 나타났다. 퇴근길에 마주친 이웃과 하루의 안부를 묻는 사람들, 저녁 식사를 배달하는 오토바이, 가게 앞 의자에 앉아 부채질하며 손님을 기다리는 상인들, 바닥에 바짝 엎드려 물끄러미 그 모습을 바라보는 개들이 그 좁은 골목길에 생기를 더했다. 사람들의 목소리와 발소리, 그리고 자전거의 딸랑거리는 소리가 한데 어울려 골목에서는 정다운 소리가 피어 나왔다.

길을 걷다 물을 사러 조그마한 슈퍼에 들어갔다. 불도 켜놓지 않은 비좁은 슈퍼 안에서 덩치 큰 아저씨 넷이 바짝 붙어 앉아 한창 마작을 하고 있었다. 빳빳한 종이 상자에 현금을 담아 계산대로 쓰는 오래된 슈퍼였는데, 마작판은 최신식이었다. 아저씨들의 손안에서 마작 패는 탁탁 소리를 내며 엎치락뒤치락했다. 외마디 탄식과 환호가 몇 번 오가면 순식간에 한판이 끝났다. 그때 마작판 가운데 커다란 구멍이 열렸다. 아저씨들은 익숙한 듯, 각자 앞에 놓인 마작 패를 슥슥 밀어 넣었다. 위이잉- 하는 소리와 함께 판이 빠르게 돌아갔다. 그리고 콘서트 무대 아래에서 멋지게 등장하는 가수처럼, 가지런히 정돈된 마작 패가 짠하고 올라왔다.

자동 마작판에 놀란 내가 '우와' 하며 소리를 지르자 아저씨들이 슬쩍 쳐다보았다. 나에게 어디에서 왔느냐 묻고는 저마다 자기 출신 지역들을 말했다. 아저씨 셋은 광둥 사람이고, 해적이라 해도 믿을 법한 빡빡머리 아저씨는 신장(新疆)에서 왔다고 했다. 마작판이 신기하다고 하자 빨리 게임을 끝내고 또 보여주겠다며 속도를 냈다. 그리고 다시 한번 마작판이 휘이이 돌아가는 것을 보여주었다. 나는 또 와아~ 하고 소리 지르다 정신을 차리고 "물 한 병 주세요." 했다. 신장 아저씨가 "그래, 장사는 해야지." 하면서 주인아저씨를 보며 껄껄 웃었다. 물을 받아 들고 먼저 간다고 인사하자 마작 게임을 하던 아저씨들이 일제히 손을 들어 인사한다.

"잘 가요, 한국 친구."

다시 길을 걸었다. 골목 어귀 나무 아래에서 구두를 닦으려고 기다리는 사람들이 의자에 줄을 지어 앉아 있었다. 그러고 보니 오늘 신고 나온 빨간 구두가 흙먼지로 더러워진 지 오래였다. 가던 길을 멈추고 나도 빈 의자에 슬쩍 끼어 앉아 순서를 기다렸다.

골목길로 막 들어온 아주머니가 구두 닦는 아저씨 옆에 놓여 있던 택배 상자를 가져갔다. 택배 보관소도 겸하는 모양이었다. 어떤 어린이는 커다란 학원 가방을 손에 든 채, 엄마가 어제 맡긴 책가방을 다 고치셨냐고 또박또박 물었다. 아이는 아저씨가 건넨 빨간 책가방을 어깨에 메고는 집으로 돌아갔다. 말없이 구두만 닦던 아저씨는 마을 사람들이 말을 건넬 때마다 고개를 들어 씨익 웃었다.

내 차례가 되었다. 아저씨는 굳은살이 잔뜩 박힌 두꺼운 손으로 말없이 구두를 닦기 시작했다. 구두를 한참 수건으로 문지르는 걸 옆에서 지켜보다 혼자 괜히 민망해져 말을 건넸다.

"구두 닦은 지 오래됐거든요."

"좋은 구두라서 더 오래 닦는 거예요."

아저씨의 손만큼 두터운 목소리의 짧은 대답이 돌아왔다. 민망한 기운이 가시고 묵직한 신뢰감이 솟아올랐다. 아저씨는 수건으로 닦고, 약을 바르고, 불로 지져 구두닦이를 마무리했다. 때를 벗고 반들반들해진 구두를 건네받았을 때는 이미 골목길이 어둑어둑해지고 있었다.

아저씨가 옆에 있던 조그마한 전구 등 스위치를 켰다. 깜빡깜빡하다가 하얀 전구가 파박- 하고 켜지자 구두약을 양껏 먹은 구두가 반짝하고 빛났다. 나는 '오!' 하고 놀라 웃다가 고맙다고 인사를 하고 자리를 떴다.

천천히 골목을 벗어나 다시 큰 길가로 나갔다. 버스를 기다리는데 히죽히죽 웃음이 났다. 온종일 걸어 다니느라 힘들어서 기진맥진해야 정상인데, 다시 어디라도 갈 수 있을 것 같았다. 가로등 빛에 은근히 반짝이는 빨간 구두 때문인 것도 같고, 슈퍼에서 산 미지근한 생수를 마셔서 그런 것 같기도 하다. 아무래도 매직 아워의 마법에 단단히 걸려버린 모양이다.

명(明), 청(淸)시대에 광저우 상업무역 중심지였던 시관은 명문세족, 관료, 거상 등이 모여 사는 동네였다. 성의 서문 밖에 위치하여 '시관'이라는 이름으로 불렸다. 말하자면, 지금 리완구(荔湾区, 리완취)의 옛 이름이 바로 '시관'이다.

수백 년 동안 부자 동네였던 시관은 지금은 평범한 서민들의 사람 냄새 물씬 나는 동네가 되었다. 오래된 연립주택, 잡화점, 작은 상점들이 옛날 부유한 상인들이 살았던 호화주택 '시관다우(西关大屋)'와 함께 어우러져 있어 광저우만의 특색이 잘 드러난다. 이 글에 나오는 풍경을 만난 곳은 리완후 공원(荔湾湖公园)에서 가까운 펑위안다제(逢源大街), 펑위안정제(逢源正街), 펑위안베이제(逢源北街) 부근이다.

깊은 밤,
마음을 안아주는 서점에서
1200 북숍(1200 bookshop)

서점에 막 도착한 그 설레는 순간을 좋아한다. 숨을 들이쉬었을 때 느껴지는 종이 냄새와 가득 채워져 있는 책장을 보고 있노라면 괜스레 기분이 좋아진다. 서점의 공기와 풍경은 말없이 씨익 웃으며 꼭 안아주는 누군가의 품처럼 나를 안심시키곤 했다. 이유를 알 수 없는 혼란스러움을 마음속에 가득 안고 갔을 때, 그 마음을 정확하게 위로해주는 서점들이 있었다.

어느 여행지에 가든 늘 그래왔던 것처럼 나는 광저우에서도 특색 있는 서점들을 찾아보았다. '불이 꺼지지 않는 서점'이 있었다. '24시간 영업하는 서점'이라는 문구를 보니, 인적이 드문 새벽에 담배 사는 아저씨들이 가끔 들르는 편의점이나 새벽 첫 지하철을 기다리며 꾸벅꾸벅 조는 학생들이 가득한 카페가 떠올랐다.

하지만 이곳의 24시간은 내가 떠올린 상황들과는 조금 다르게 채워지는 듯했다. 누군가 책을 읽고 싶다면 언제라도 책을 읽을 공간이 있어야 하기에 불이 꺼지지 않는 서점을 만들었다는 소개에 '1200 북숍'에 가보기로 했다.

서점 안으로 한발 들어서는 순간, 계단 통로에 쏟아져 내릴 듯이 높게 쌓인 책의 모습에 반해버리고 말았다. 은근한 종이 향이 코끝에 닿자 나도 모르게 힘이 들어갔던 어깨의 긴장이 스르르 풀렸다. 가파른 계단 한편에는 쭈그리고 앉아 책을 읽는 사람들이 드문드문 있었다. 나는 새로운 세계로 들어가야 할 사람처럼, 서점으로 올라가는 그 계단을 한참 올려다보았다.

계단을 따라서 올라 가니 널찍한 서점이 나왔다. 1200 북숍에서 직접 제작했거나 광저우의 청년들이 만든 독립출판물도 베스트셀러와 나란히 놓여 있었다. 서점 한가운데에는 카운터를 겸한 음료를 파는 공간이 있었다. 보통 다른 서점도 그러하듯 음료를 주문하면 자리에 앉아 오래도록 책을 읽을 수 있는 카페 같은 공간이었다. 그런데 이 서점에는 또 다른 특별한 공간이 있었다. 바로 음료를 사지 않아도 책을 읽을 수 있는 '무료 독서 구역'이었다. 서점과 함께 나이를 먹은 듯한 오래된 나무 책상에서 이곳 서점의 넉넉한 배려가 느껴졌다.

넉넉한 마음을 가진 이 서점의 이야기는 책 한 권에서 시작된다. 어느 날 친구 하나가 이 이야기의 주인공, 류얼시(刘二囍)에게 책을 한 권 선물했다. 대만 타이베이(台北)에 있는 24시간 문을 여는 서점, 청핀서점(诚品书店, 성품서점)에서 사 온 책이라고 했다. 류얼시는 밤늦게까지 책을 읽고 싶은 탐독가의 마음을 헤아리는 서점이 있다는 사실을 이날 처음 알게 되었다.

그때만 해도 류얼시에게 대만은 그저 머나먼 장소였는데, 이후 그는 대만에서 2년 동안 지내게 되었다. 세상 사람들은 타이베이하면 101빌딩을 가장 먼저 떠올렸지만, 그에게 타이베이의 랜드마크는 청핀서점이었다. 청핀서점의 꺼지지 않는 등은 낯선 곳에서 생활하는 그에게 위로를 건네고, 그의 외로운 마음을 감싸 안았다.

그로부터 또다시 시간이 지나 2013년, 그는 배낭 하나를 짊어지고 대만 한 바퀴를 도는 대장정을 떠났다. 51일간의 고독한 여정에서 류얼시는 지난날을 곱씹어도 보고, 앞으로 어떤 날들이 펼쳐질지도 상상하며 걸었다. 마음 깊숙이 묻어 두었던 생각들이 하나둘 떠올랐고, 그는 스스로에게 무엇을 하고 싶고, 무엇을 해야 하는지 수없이 묻고 대답했다. 1,200km의 기나긴 여정 끝에 그는 광저우에 24시간 문을 여는 서점을 열기로 결심했다. 그리고 서점의 이름은 1200 북숍이라 하기로 했다.

광저우로 돌아온 그에게는 서점에 대한 큰 그림만 있을 뿐 현실적으로 서점을 열 자본이 부족했다. 하지만 류얼시의 꿈은 외롭게 사라져버리지 않았다. 그가 광저우에 24시간 책을 읽을 수 있는 문화를 만드는 공간을 만들고 싶다는 의지를 공개적으로 알렸을 때 뜻을 함께하겠다는 사람들이 스무 명 넘게 모였다. 그렇게 모인 자본금으로 2014년 7월, 첫 번째 1200 북숍이 문을 열었다[6].

어느덧 창밖이 어둑어둑해졌다. 서점 안을 밝히던 불빛이 더 따스하게 빛났다. 책에 푹 빠져 있는 사람들이 가득한 공간에 있으니, 나도 책을 읽고 싶어졌다. 책을 한 권 사고, 커피 한 잔을 주문한 후 창가 자리에 앉았다. 포장되어 있던 책의 비닐을 막 뜯었을 때 커피가 나왔다. 계속 책을 보며 입으로만 고맙다고 인사를 했는데, 종업원이 나에게 불쑥 노트를 들이밀었다.

'저는 언어장애인입니다. 하지만 당신을 도울 수 있어요. 도움이 필요하면 글로 써서 알려주세요.'

나는 눈을 마주치며 고개를 끄덕끄덕하고 웃었다. 노트를 들고 있던 종업원도 그제야 나를 보며 환하게 웃었다. 종종 사람들은 손을 들어 그 분을 찾았고, 필담을 나눴다. 누군가 손을 들 때마다 종업원은 활짝 웃으며 그곳으로 달려갔다. 이 서점에 들어선 순간 느껴졌던 따뜻함을 이곳에 있는 모두가 함께 만들어가

---

6 2019년 기준으로, 광저우에는 5개의 1200 북숍이 있다. 이 중 24시간 영업을 하는 서점은 티위둥(体育东)점 하나다.

고 있는 것 같았다.

푹신한 소파에 앉아 오래오래 책을 읽었다. 이제 막 광저우에
도착한 이방인이라는 걸 잠시 잊은 채. 거리의 나무들도, 스쳐 지
나가는 사람들의 얼굴도 모두 새로워 두리번거리느라 바쁠 것도
없이. 길을 잃을까봐, 혹여나 이상한 사람을 만날까봐 두려워할
것도 없이. 이제 닫을 시간이 되지 않았을까 마음 급하게 시간을
확인할 필요 없이, 그렇게 글자 하나하나를 살폈다. 여행 내내 들
떠 있던 마음이 오랜만에 슬금슬금 내려앉았다. 깊고 안온한 밤
이었다.

1200 bookshop 티위둥(体育东)점

주소　　广州市天河区体育东路27号
연락처　　020-8526-0827
영업시간　매일 24시간

광저우는 너를 환영해

택시 기사 우(吳) 씨 아저씨

이런, 늦었다. 열두 시에 식당 예약인데 벌써 11시 40분이 훌쩍
넘었다. 버스를 타면 늦을 게 뻔했다. 버스 정류장 앞에서 발을
동동거리다 결국 택시를 탔다. 광저우에서 탄 첫 택시였다.

"리완후 공원(荔湾湖公园)으로 가주세요. 저 12시까지 도착할
수 있을까요?"

"네, 그때까지는 도착할 수 있을 거에요. 그런데 광둥 사람이
아닌가 봐요?"

"네, 한국 사람이에요."

택시 기사 아저씨는 고개를 돌려 내 얼굴을 빤히 쳐다보았다.
그러더니 자기가 알고 있는 한국에 대한 관심사들을 우다다다
말하기 시작했다. 최근에 드라마 〈태양의 후예〉를 보았단다. 원
래 한국 드라마를 잘 보지는 않지만 드라마 주인공 둘이 결혼을
한다고 해서 궁금해서 찾아보았다고 했다. 정작 나는 〈태양의 후

예)를 보지 않아 듣는 내내 시큰둥했다.

아저씨는 슬쩍 눈치를 보더니 화제를 재빨리 바꿨다. 다짜고짜 자신의 핸드폰을 꺼내서 한국말을 해달란다. 요즘 배드민턴을 치러 다니는데, 동호회 사람들에게 한국 손님을 만났다고 자랑하고 싶다고 했다. 나는 핸드폰을 받아 들고 머뭇거리다 '에라 모르겠다' 하고 "안녕하세요? 저는 한국에서 왔어요. 반갑습니다." 하고 동영상 메시지를 찍었다.

배드민턴 동호회 채팅창에는 100명이 넘는 회원들이 있었는데 순식간에 메시지가 도착했다. 그중에는 음성 메시지도 꽤 있었는데 모두가 "습니다, 습니다"라고 말했다. 아저씨는 도대체 '습니다'가 무슨 뜻이냐고 물었고, 나는 '습니다'는 아무 뜻이 없다고 대답하며 웃었다.

기사 아저씨는 방금 내가 찍은 동영상을 나에게도 보내주겠다며 위챗 아이디를 물었다. 폭주 기관차 같은 맹렬한 관심에 당황해서 아저씨에게 한국 손님이 처음이냐고 되물었다. 아저씨는 한국 친구를 정말 만나고 싶었다면서, 중국어를 할 줄 아는 한국 사람을 만난 이 소중한 기회를 놓칠 수 없다고 했다.

아저씨는 광저우 토박이였다. 아저씨가 태어난 곳은 마침 리완후 공원 근처였다. 예나 지금이나 변한 것이 별로 없는 이 동네야말로 광저우의 특색이 고스란히 담긴 곳이라고 했다. 아저씨

가 가장 좋아하는 식당이 이 근처라 요즘에도 종종 온다고 했다.

커다란 나무들이 우거진 골목길로 택시가 들어갔다. 둘레가 한 아름은 되어 보이는 나무들이 이곳이 오래된 동네라는 걸 증명하는 듯 했다. 나무에서 도로로 우수수 쏟아진 햇빛을 보고 '우와' 하며 좋아했다. 바로 이곳이 아저씨가 말한 시관이었다. 도착해서 돈을 내고 내리는데 기사 아저씨가 말했다.

"점심 맛있게 먹어요. 다음부터는 우(吳) 아저씨라고 불러요."

'다음은 무슨 다음이야, 농담도 잘하셔' 하는 마음으로 인사하고 내렸다.

그날 저녁, 침대에 누워 위챗의 모멘트[7]를 보았다. 친구들의 게시물 사이로 낯선 아저씨의 글이 빼꼼 올라와 있었다. 밤 근무를 마치고 새벽이 되어서야 국수를 먹는다는 이야기, 공항 가는 길이 너무 막혀 손님과 함께 발을 동동 구르다 겨우 시간 맞춰 도착한 이야기, 핸드폰과 지갑을 깜빡하고 모두 두고 온 손님에게 연락처를 준 후 나중에 위챗으로 택시 요금을 받았다는 이야기, 배드민턴 대회에 나가 한 번은 이기고 한 번은 아깝게 졌다는 이야기.

몇몇 게시물에 슬쩍 하트를 눌렀다. 그날 내 위챗 모멘트에도

---

7 위챗 내 게시물을 올리는 서비스. 친구의 게시글에 하트를 누르거나 댓글을 달 수 있다.

하트와 댓글 알림이 떴다. 우 씨 아저씨였다. 중국어 공부를 하면서 올린 게시물에는 '우리 딸보다 공부를 더 열심히 하는 것 같네요.'라는 댓글이, 광저우 사진관에 필름을 맡겼다는 게시물에는 '아직도 필름을 쓰다니요! 감동! 감동!' 하고 댓글이 달렸다.

　아저씨는 잊을만하면 메시지를 보냈다. 내가 답장을 하건 안하건 개의치 않는 듯 늘 조급하고 맹렬한 에너지가 가득 담긴 안부를 건넸다. 며칠이 지난 어느 날, 새벽 다섯 시부터 아침 인사가 와 있었다. 메시지를 받고 다섯 시간이 지난 후에야 답장을 보냈다.

　'이렇게 일찍 출근하신 거예요?'

　'어제 일찍 자서 피곤하지 않아요. 파이팅! 오늘은 뭐해요?'

　'글쎄요. 아직 모르겠어요.'

　'시간 나면 말해줘요. 맛있는 것 사줄게요.'

　'아저씨가 왜 밥을 사줘요?'

　'중국에는 이런 말이 있어요. 친구가 멀리서 찾아오니, 기쁘지 아니한가(有朋自远方来，不亦乐乎).'

　'겨우 택시 5분 탔는데, 무슨 친구예요.'

　'만난 시간은 중요하지 않아요. 그리고 5분이 아니라 15분이었어요.'

그날 저녁, 혼자 밥을 먹을까 고민을 하다가 갑자기 우 씨 아저씨가 생각이 났다. 한참을 서서 망설이다가 아저씨에게 메시지를 보냈다.

"저녁 같이 먹을까요?"

아저씨에게 바로 답장이 왔다. 바로 갈 테니 30분만 기다리라고 했다. 아저씨는 오면서도 '지금 택시를 타고 가고 있다', '10분 후면 도착한다'면서 3분에 한 번씩 메시지를 보냈다. 같이 밥을 먹자고 부른 것이 잘한 선택인 걸까 불안했지만, 자꾸만 호기심이 고개를 드는 걸 어쩔 수 없었다.

얼마 지나지 않아 아저씨가 도착했다. 운동복 차림에 배드민턴 라켓을 뒤로 멘 아저씨의 모습은 택시에서 보았을 때와는 사뭇 달랐다. 배드민턴이 막 끝났을 때 마침 연락이 와서 바로 달려왔다고 했다. 아저씨는 정말 자기 말을 알아듣는 거냐, 혹시 광둥어는 할 줄 아냐, 아니다 이렇게 빨리 말하면 네가 알아듣기 힘드니 천천히 말하겠다는 말을 속사포처럼 쏟아냈다.

잠시 틈이 생겼을 때 잽싸게 오늘 무얼 먹으면 좋겠냐고 물었다. 아저씨는 평상시에도 자주 먹는 광저우 음식이 있는데 네가 좋아할지 모르겠다며 머뭇거렸다. 나는 아저씨가 좋아하는 음식을 먹고 싶으니 걱정하지 말라고 했다. 아저씨는 그제야 눈을 반짝이며 가까운 거리니 택시를 타고 이동하자고 했다.

택시를 타자마자 아저씨는 목소리의 높낮이가 춤추듯 널뛰는 광둥어로 택시 기사 아저씨와 한참을 이야기했다. 대화가 잠잠해졌을 때, 이 기사 아저씨를 아시냐고 물었다. 우 씨 아저씨는 모르는 사람이라며 이 시간에 가장 빨리 갈 수 있는 길을 설명한 것이라고 했다. 한결같은 아저씨의 화법에 웃음이 터지고 말았다.

택시는 광저우의 중심, 베이징루(北京路) 옆 골목길로 들어갔다. 화려한 불빛이 쏟아져 나오는 널찍한 상점가와는 분위기가 많이 달랐다. 골목길에는 불빛이 어스름하게 스며 나오는 노포들로 가득했다. 택시 창문에 바짝 붙어 바깥 풍경을 구경하는 나를 보고 아저씨가 말했다.

"어렸을 때 생각나네요. 엄마가 이 근처 작은 공장에서 일을 해서 학교가 끝나면 종종 왔었거든요. 이제 도착했네요. 천천히 내려요."

도착한 식당은 바오자이판(煲仔饭, 광저우식 솥밥)집이었다. 건물 바깥쪽에 자리 잡은 작은 카운터에서 주문을 하고 식당 안으로 들어갔다. 밖에서 볼 때는 허름하고 작은 식당인 줄 알았는데 막상 들어가 보니 커다란 홀이 두 개나 있는 꽤 규모 있는 식당이었다. 예상치 못한 규모에 주위를 이리저리 살피며 느릿느릿 아저씨 뒤를 따라 들어갔다. 이상하게 아저씨도 처음 온 사람처럼 식당 안을 두리번거렸다.

"아저씨 단골집이라고 하지 않았어요?"

"일하다 먹을 때는 시간이 없어서 길거리 탁자에 앉아서 먹었거든요. 수십 번을 넘게 온 곳인데, 안에 들어와서 먹는 건 처음이에요."

아주머니가 저 멀리서 지글지글한 소리가 나는 쟁반을 들고 걸어왔다. 두툼한 자기로 만든 소고기 솥밥이었다. 테이블에 올라온 그릇에서 '치이익' 하는 소리가 오래도록 났다. 뜨거운 열기와 함께 올라오는 소고기 향을 맡으니 군침이 돌았다.

한입을 크게 떠서 입에 쏙 넣었다. 밥알이 고슬고슬하고 윤기가 흐르는 것이 맛있었다. 이상하게 소고기를 얹어 먹는 것보다 밥만 먹을 때 맛이 더 좋았다. 이미 소고기에서 나온 육즙이 삼삼하게 밴 쌀밥은 정말이지 담백하면서도 고소했다. 고기를 제쳐두고 자꾸 밥만 떠서 먹는 나를 보고 아저씨가 말했다.

"이 집이 유명한 건 밥이 맛있어서예요. 고기 말고 밥을 많이 먹어요."

"그쵸? 어쩐지, 밥만 떠먹게 되더라고요."

솥의 밑바닥에는 노릇노릇한 누룽지가 얇게 깔려 있었다. 숟가락을 고쳐 들고 누룽지를 긁어내기 시작했다. 타지도 않고 적당히 눌러 붙은 누룽지는 소고기에서 나온 육즙이 살짝 배어 마지막까지 숟가락을 놓지 못하게 했다. 솥을 박박 긁는 나를 보고 아저씨는 씩 웃다가 함께 누룽지를 긁어먹기 시작했다.

"누룽지 긁어먹는 걸 어떻게 알아요?"

"한국에도 돌솥밥이 있거든요. 제일 맛있는 건 바닥에 붙은 누룽지죠!"

아저씨는 이번에는 광저우식 디저트를 먹으러 가자고 했다. 조금만 걸어가면 유명한 디저트 집이 있다고 했다. 길을 걷는데 아저씨의 딸이 공부하는 사진을 메시지로 보내왔다. 아저씨는 딸 사진을 보여주면서 초등학교 다니는 딸내미가 있는데 공부를 못해서 걱정이라고 했다.

자기는 학교 다닐 때 공부하는 걸 좋아했는데 형편이 어려워서 공부를 못한 것이라며, 아무래도 얘는 자기를 닮지 않은 것 같단다. 사진 보니까 공부 열심히 하는데 왜 그러냐고 했더니 "성적이 나와야 말이죠." 하고 한숨을 쉬었다. 그러다가도 집에 가면 숙제한 걸 봐줘야겠다며 얼굴에 금세 미소가 번졌다.

도착한 디저트 집에는 메뉴가 100개 가까이 있었다. 커다란 간판에 빼곡히 적힌 메뉴들을 보고 있자니 머리가 어지러웠다. 한참을 고민하다 나는 둥솽피나이(冻双皮奶, 우유로 만든 차가운 푸딩)를, 아저씨는 즈마후(芝麻糊, 검은깨죽)를 주문했다. 종업원들은 일사불란하게 움직이며 주문을 받고 디저트를 내주었다. 긴 줄은 순식간에 줄어들었고 우리는 푸딩과 죽을 들고 테이블을 찾아 앉았다.

창밖이 보이는 바 자리에 나란히 앉아 디저트를 먹기 시작했다. 커스터드 푸딩만큼 달콤할 줄 알았던 둥솽피나이는 단맛이 거의 안 나고 밍밍했다. 아저씨는 즈마후를 맛보라며 한입 주었는데 고소하고 진한 것이 내 것보다 맛있었다. 느긋하게 먹을 줄 알았던 디저트 집에는 사람이 끊임없이 들어왔다. 우리는 숟가락을 내려놓자마자 자리에서 일어났다.

늦은 여름밤의 습기 먹은 바람을 쐬며 우리는 지하철역까지 걸었고, 그렇게 인사를 하고 헤어졌다. 집에 잘 도착했냐는 메시지에 맛있는 밥 사주셔서 감사했다고 답장을 보냈다. 아저씨는 자기야말로 함께 밥을 먹은 것이 큰 기쁨이었다며 고맙다고 했다.

아저씨는 다음 날도, 그다음 날도 운전을 하다 찍은 광저우 사진을 틈틈이 보내며 안부를 물어왔다. 나는 매번 메시지가 온 때를 놓쳐 뒤늦은 답장을 보냈다. 그리고 며칠 후, 광저우를 떠나는 날이 코앞으로 다가왔던 날 오후에 아저씨의 모멘트에 게시글이 올라왔다. 우리가 함께 갔던 그 디저트 집에서 찍은 사진이었다. 검은깨죽 사진과 함께 짧은 글이 적혀 있었다.

"…상실감이 느껴지는 맛 ㅠㅠ"

글을 보니 아쉬움이 마음속에서 스멀스멀 비집고 나왔다. 대화창을 열고 아저씨에게 메시지를 보냈다.

'아저씨, 저 내일 광저우 떠나요.'

'내가 택시로 후이저우(惠州)[8]까지 데려다줄까요?'

'아니에요, 아저씨. 혼자 갈 수 있어요.'

'그럼 기차역까지 데려다줄게요.'

'아저씨…. 정말 괜찮다니까요.'

'알았어요. 알았어. 다음에 또 와요. 광저우는 언제나 너를 환영해.'

---

8   광저우에서 140km 정도 떨어진 광둥성 도시

우 씨 아저씨가 소개해준
광저우 맛집

밍지창펀(明記腸粉)

1981년 개업한 시관의 유명 맛집이다. 한 신문에서는 밍지창펀을 '시관에서 왕이라 불리는 집(西关称王)'이라 소개했다. 우 씨 아저씨도 소고기 창펀을 먹으러 종종 들리는 곳이라며 가보라고 한 창펀집이다.

주소 广州市荔湾区龙津西路72号
연락처 020-8137-8377
영업시간 매일 6:30-익일 새벽 3:00

완싱바오자이판(万兴煲仔饭)

30년의 역사를 가진 바오자이판 맛집이다. 아버지에게 가게를 물려받은 사장님이 맛을 처음 그대로 유지하고 있다. 점심에 먹으려면 사람이 많아 늘 길게 줄을 서야 한다고 한다. 가장 유명한 메뉴는 뉴러우워단판(牛肉窝蛋饭, 소고기에 계란을 추가하여 만든 솥밥)이다.

주소 广州市越秀区万福路287-289号
연락처 020-8335-8056
영업시간 매일 11:00-14:30, 17:30-21:00

바이화톈핀뎬(百花甜品店)

아저씨가 소개해준 디저트집이다. 광저우 전통 디저트가 100개 가까이 있다. 항상 줄을 서야 하는 곳이긴 하지만 숙련된 점원들 덕에 대기 시간이 생각보다 길지 않다. 펑황나이후(凤凰奶糊, 계란과 우유로 만든 커스터드 푸딩), 즈마후(芝麻糊, 검은깨죽), 홍더우사(红豆沙, 팥죽)가 유명하다.

주소　广州市越秀区文明路210号
연락처　020-8384-6324
영업시간　매일 9:30-0:00

2

도시 예찬
City Life

샤먼
厦门

봄빛을 건네는 섬

샤먼

11월에도 꽃이 피는 이 도시엔 음침한 구석이 없었다. 번화가에서는 새하얀 근대식 건축물이 밤늦도록 빛났고, 일몰 무렵 바다에는 윤슬이 반짝거렸다. 빨간 벽돌집이 가득한 동네에서 웨딩드레스와 턱시도를 입은 예비부부를 수도 없이 마주치다 보면 "공주님은 왕자님과 결혼해서 행복하게 살았답니다" 하는 동화책의 마지막 장이 현실 세계로 튀어나온 것 같았다.

호기롭게 시작한 중국 장기 여행도 어느덧 중반에 접어들었다. 샤먼에 도착했을 때, 나는 지칠 대로 지쳐 있었다. 정들만 하면 그 도시를 떠나야 하고, 더 알아가고 싶은 사람을 만나도 '어차피 떠나는 사람'임을 끝내 인정해야 하는 순간들은 몇 번을 반복해도 익숙해지지 않았다. 이렇게 괴로워할 바엔 아예 도시에 애정을 주지 말자며 마음을 차갑게 식히고 온 곳이 샤먼이었다. 봄을 닮은 도시에서 나만 홀로 겨울을 지내는 기분이었다.

그런 나에게 샤먼은 부단히도 환영 인사를 건넸다. 때로는 달콤한 사탕으로, 황금빛 햇볕으로, 황홀하리만큼 아름다운 맛의 차로 나를 반갑게 맞이했다. 새침할 것 같았던 도시의 따스한 환대에 꽁꽁 얼었던 마음이 서서히 녹기 시작했다. 떠날 때가 다 되어서야 찾아온 내 마음의 봄 때문에 샤먼과의 작별은 유난히 아쉬웠다.

그런데 웬일인지 그 아쉬운 마음이 싫지만은 않았다. 사실 아무런 미련 없이 홀가분하게 떠나는 마음보다 냉정한 마음은 없을 테니까. 떠날 무렵 싹을 틔운 아쉬움은 샤먼이 건넨 봄빛에 내 마음이 다시 새로운 도시를 맘 편히 사랑할 수 있을 만큼 따뜻해졌다는 또렷한 증거였으니까.

여행 시기 2017년 11월
여행 기간 10일
여행 방법 혼자서 / 자유 여행
중국어 가능 정도 중국어로 기초적인 의사소통 가능

뽀얀 도시의 환영 인사

중산루(中山路)

샤먼 시내로 들어가는 급행 버스 안은 발 디딜 틈 없이 붐볐다. 커다란 캐리어를 끌고 제때 내릴 수 있을지 걱정이 될 정도였다. 초조한 마음도 잠시, 창밖으로 바다가 보였다. 멀건 바닷물이 오후의 쨍쨍한 햇볕을 튕겨내며 강렬하게 반짝이고 있었다. 샤먼 대교를 건너는데 버스를 타고 한강을 건너 집으로 가던 때가 떠올랐다. 샤먼의 바다는 내가 알던 그것과는 다른 모습이었다. 탁 트인 해변이 아니라 커다란 강이 먼저 떠오르는 바다라니. 문득 '다리 건너 저편이 육지가 아니라 섬이었지' 싶어 신기했다.

버스에서 내리니 늦은 봄이었다. 이미 11월, 그러니까 초겨울이어야 했는데 샤먼은 여태 봄을 보내지 못했는지 거리 곳곳에 꽃이 가득했다. 밝은색 건물들이 많아서였을까, 은은한 분홍빛 꽃들이 유독 눈에 띄었다.

이윽고 도착한 숙소의 문을 열자 앳되어 보이는 주인이 미소로 나를 맞았다. 내가 짐을 정리하는 사이 숙소 주인은 과일을 한 접시 깎아다 주었다. 그리고는 시간이 되면 저녁에 함께 훠궈를 끓여 먹자며 오래된 친구처럼 말을 건넸다.

이상했다. 마주 앉은 저 사람이 나에게 살갑게 다가올수록 뒷걸음질이라도 치고 싶었다. 여행을 시작한 지도 어느덧 한 달, 떠나는 날짜를 이름처럼 소개하며 시작하는 관계는 어딘가 위태로웠다. 내가 애를 쓰는 만큼 헤어질 때 헛헛하고 슬픈 감정이 부메랑처럼 돌아와 가슴에 박혔다. 그래서 여행을 하다 더 가깝게 지내고 싶은 사람을 만나게 되면 눈을 반짝이며 반가워하다가도 이내 아쉬운 마음에 맥이 풀리곤 했다.

내가 '우리가 인연이면 언젠가 또 만나겠지요' 하며 허허 웃는 바람 같은 사람이었으면 좋았을 텐데. 정든 도시를 한 달에도 몇 차례씩 머물다 떠나기를 반복하면서 힘이 빠져버린 나는 꽃다발을 닮은 샤먼을 만나고도 마음의 문을 열지 못한 채 머뭇거렸다.

짐을 정리하니 어느덧 늦은 오후였다. 어디로 갈까 고민하다 샤먼의 중심지, 중산루에 가보기로 했다. 버스에서 내려 중산루로 걸어갈수록 시끌벅적한 소리가 점점 크게 들려왔다. 중산루는 뽀얀 빛깔의 근대식 건물이 양옆으로 쭉 늘어선 번화가였다. 조명을 받은 건물들이 반사판을 댄 배우의 얼굴처럼 맑게 빛났다.

새침한 인상과 달리 거리의 풍경은 퍽 소탈했다. 해산물이 푸

짐하게 들어간 사차몐(沙茶面)[9]을 파는 가게 안은 시끌벅적했고, 굴전(海蛎煎, 하이리젠)을 부치는 노점 옆에는 사람들이 줄을 길게 서 있었다. 거리의 사람들은 한껏 달뜬 얼굴로 저마다 하나씩 음식을 손에 들고 걸어 다녔다.

순정만화에서 튀어나온 듯 아기자기한 분위기의 누가 사탕(牛轧糖, 뉴야탕) 가게로 들어갔다. 상냥한 점원이 웃으며 나를 반겼다. 시식하라며 놓아둔 누가 사탕 하나를 입에 넣었다. 앙증맞은 크기의 사탕이 입안 여기저기에 달라붙었다. 질겅질겅 씹다 보니 고소하고 달달한 맛에 자꾸만 침이 고였다. 달콤한 사탕 한 조각을 입에 넣을 때마다 마음 에너지가 생겨나는 것 같았다.

중산루 곳곳에서는 가게 앞에 선 점원들이 "환영합니다"라고 목청껏 외치는 소리가 울려 퍼졌다. 샤먼에서 가장 오랫동안 손님을 맞았던 중산루의 환영 인사 때문이었을까, 하얀 도화지를 꼭 닮은 거리의 풍경 때문이었을까. 다시 힘을 내어 샤먼에서 보낼 하루하루를 차근차근 그려 나가자는 생각이 불쑥 들었다.

새하얀 스케치북 앞에서 연필을 들고 머뭇거리는 사람처럼 나는 밤늦도록 중산루 이곳저곳을 기웃거렸다. 밤이 새까맣게 깊어지는 건 아랑곳하지 않은 채, 지금까지 수많은 사람들을 오늘

9   샤먼의 대표 특색 음식으로 사차소스(沙茶醬)로 맛을 낸 국물에 해산물을 잔뜩 넣어 끓인 면 요리

처럼 반갑게 맞이했을 새뽀얀 불빛이 오래도록 이곳을 지켜온 건물들을 밝게 비췄다.

_____

서울에 명동, 상하이에 난징동루가 있다면, 샤먼에는 중산루가 있다. 샤먼의 가장 오래된 번화가 중산루는 1925년 만들어졌다. 서양과 중국의 근대 건축 양식이 결합된 건축 양식, 치러우(騎樓)가 쭉 늘어선 모습이 이색적이다.

바다까지 바로 이어지는 쇼핑 거리 중산루는 구시가지답게 먹을거리가 가득한 곳이다. 사차몐, 땅콩탕(花生汤, 화성탕), 굴전 등 가볍게 먹을 수 있는 음식을 파는 가게가 많다. 또한 달콤한 누가 사탕을 파는 가게가 많은데, 간식거리로도 선물용으로도 좋다.

주저 앉기 전에 바다 산책

환다오루(环岛路)

길을 걷다가 열 걸음만 가도 다리가 후들거려 주저앉고 싶었다. 딱히 무얼 하지 않았는데도 이제 더 이상의 에너지는 없다며 온몸에서 요란하게 경고등이 울리는 것 같았다. 몇만 보씩 걷는 날이 한 달 가까이 계속된 것이 문제였다. 아무리 돌아다녀도 즐겁기만 하면 힘은 화수분처럼 나오는 것인 줄 알았는데 오산이었다. 새로운 걸 보고 싶다며 매일 강행군을 한 결과, 고장난 배터리처럼 허무하게 방전되는 몸이 되고 말았다.

그날도 나는 무리를 했다. 밥만 잠깐 먹고 돌아오자며 숙소를 나섰는데, 이왕이면 맛있는 걸 먹자는 마음으로 버스를 탔고, 멀리까지 나왔는데 그냥 돌아가기는 아쉬워 걷다 보니 아름답기로 소문난 해안도로, 환다오루에 도착했다.

가만히 서서 바다만 보고 돌아가려 했는데 해안도로에서 신나게 자전거를 타는 사람들을 보니, 아뿔싸 마음이 동하고 말았다.

정신 차리고 보니 이미 나는 자전거 위에 올라타 있었다.

바람을 가르며 페달을 밟으니 금세 기분이 산뜻해졌다. 금빛 옷을 입은 바다가 내 옆을 바짝 쫓아올 때면 술래잡기라도 하는 듯 즐거웠다. 속도를 늦춰 느릿느릿 자전거를 탈 때는 '쏴아' 하는 파도 소리가 슬며시 귀에 닿았다.

그렇게 십 분이나 지났을까, 체력이 그만 또 동나고 말았다. 자전거 탈 힘은 고사하고, 입을 다물 힘도 없어 턱을 뚝 떨어뜨린 채로 페달을 굴려 보았지만 어쩔 수 없었다. 자전거를 세우고 잠시 쉬어갈 곳을 찾아 주위를 둘러보니 예쁜 카페가 하나 있었다.

문을 열고 들어가니 나른한 오후 햇볕이 실내에 길게 드리워져 있었다. 옥빛 꽃병이 놓여 있는 창가 쪽 테이블에 자리를 잡고 앉았다. 가만히 벽에 기대어 달콤한 커피를 한 모금씩 마시니 정신이 좀 돌아오는 것 같았다.

문득 창밖을 보니 일몰 때였다. 뭉게뭉게 핀 구름과 함께 어우러진 바다를 보고 싶었는데 다른 건물에 가려 바다가 보이지 않았다. 오랜만에 다홍빛으로 물들어가는 하늘이 못내 아쉬워 엉덩이가 또 들썩거렸지만 끝내 일어나지 못했다.

다른 날 같으면 속이 어지간히 상했을 텐데, 잠시나마 탁 트인 바다를 보며 원 없이 달린 탓인지 할 만큼 했다며 마음이 차분히 가라앉았다. 그저 힘을 쭉 빼고 앉아 창문을 넘어 들어온 햇빛을 멍하니 바라볼 뿐이었다.

커피잔의 바닥이 드러났을 때는 하늘이 온통 붉게 물들어 있었다. 파도 소리라도 들릴까 싶어 슬쩍 창문을 열었다. 바닷물을 가득 머금은 바람이 창문 사이로 들어왔다. 따끈한 일몰 볕이 얼굴에 닿았다. 창문으로 들어온 햇살에 테이블에 놓여 있던 꽃잎이 투명하게 빛났다. 분홍빛으로 물든 하늘을 닮은 꽃잎이 촉촉한 바닷바람에 살랑거렸다. 그 모습을 가만히 바라보는데 깜빡빛을 내며 다시 켜진 핸드폰처럼 나에게도 슬쩍 생기가 돌아오는 듯했다. 이렇게 맞이하는 일몰도 그럭저럭 괜찮았다. 바다는 없었지만, 근사한 오후였다.

이게 다 인연이니까요

첸(钱) 교수님의 차실 주하이(煮海)

차가 유명한 고장이라 그런지 샤먼에는 유난히 고급스러운 찻집이 많았다. 하지만 그런 찻집에 선뜻 들어가기란 쉽지 않았다. 한 번은 큰맘 먹고 문을 열었는데 정적만 흐르는 공간에서 어찌할 바를 모르다가 허겁지겁 빠져나오고 말았다. 끝내 경험해보지 못했기 때문이었을까. 하루, 이틀이 지날수록 그런 찻집에 대한 호기심이 자꾸만 커졌다. 카페와는 다른 무언가가 그곳엔 분명히 있을 것 같았다.

여기저기 물어보고, 인터넷을 뒤져 보니 그런 찻집에서 차를 마시는 데는 대략 한국 돈으로 5만 원에서 10만 원이 드는 모양이었다. 여행을 시작한 지 꽤 시간이 지나 계획한 여정의 중간쯤 이르렀을 때라 조금이라도 돈을 아끼려고 전전긍긍하며 지내는 중이었는데 차 한 번 마시자고 그 돈을 쓰려니 아찔했다. 며칠을 고민하다 '내가 돈 아끼려고 여행 왔나, 새로운 경험을 한 번이라도 더 해보려고 왔지' 하는 생각이 들자 정신이 번쩍 났다.

그제야 마음을 단단히 먹고 샤먼 찻집을 검색하기 시작했다. 그 중 '주하이(煮海)'라는 찻집이 눈에 들어왔다. 차뿐만 아니라 예술작품도 많은 곳이라 하여 궁금하기도 했고, 무엇보다 연락처로 메신저 아이디가 적혀 있어 잔뜩 긴장한 채 어눌한 중국어로 전화를 하지 않아도 되어 좋았다. 적혀 있는 연락처로 메시지를 보냈다.

"안녕하세요? 중국 차가 알고 싶은 한국인 여행자입니다. 주하이 차실에 가고 싶은데요, 예약 방법과 가격을 알 수 있을까요?"

얼마 지나지 않아 음성 메시지가 도착했다.

"돈은 필요 없습니다. 와서 같이 차 마십시다. 모레 아침 10시에 오시겠어요?"

주소를 들고 찾아간 곳은 고층 아파트였다. 긴가민가 하는 마음 반, 두근거리는 마음 반으로 초인종을 눌렀다. 젊은 여자분이 문을 열어 나를 맞았다. 통로까지만 해도 별다를 것 없는 아파트였는데, 정갈한 갤러리를 닮은 공간이 불쑥 나왔다.

다도 복장을 갖춰 입고 꼿꼿하게 앉아 있던 남자분이 걸어와 나에게 인사했다. 그리고 그분을 따라 기다란 나무 찻상이 있는 방으로 들어갔다. 하얀 벽에는 자유롭고도 호방한 멋의 서예 작품이 핀 조명 아래 가지런히 전시되어 있었다.

무슨 말을 해야 할지 몰라 어색하게 웃고 있는 나를 두고, 그분은 말없이 찻잎을 꺼내 차를 우리기 시작했다. 다구와 다구 사이를 바삐 오가며 차를 우리는 손동작이 절도 있으면서도 춤을 추는 듯 부드러웠다.

따뜻하게 데워진 찻잔에 풋풋한 노란빛 차가 들어왔다. 쌉싸름하면서도 향긋한 차 내음이 코끝에 닿았다. 은은하고 싱그러운 맛이라 녹차인 줄 알았는데 아니었다. 우롱차 중 하나인 가오산차(高山茶, 고산차)[10]였다.

내가 마시는 걸 가만히 지켜보던 그분이 다시 한 번 차를 우렸다. 두 번째 건네받은 차는 첫 잔과 분명 달랐다. 차에 서려 있던 푸른 기운이 덜해진 두 번째 잔에서는 은은한 단맛이 났다. 마술이라도 본 듯 눈이 똥그래져 놀라워하니 마주 앉은 그분이 빙그레 웃으며 말했다.

"제 이름은 첸천샹(钱陈翔)입니다. 샤먼대학 교수고요. 고미술 큐레이터, 중국의 전통 예술문화를 연구하고 알리는 일을 하고 있습니다."

10　가오산 우롱차의 산지는 대만이며, 해발 1,000m 이상에서 나는 차를 말한다. 명나라 때부터 마시기 시작하였다고 하는 이 차는 맑고 향기로운 향에 감미로운 단맛이 특징이다.

"첸 선생님이라고 부르면 될까요?"

"네, '머니' 할 때 첸(钱)입니다. 아, 저 예전에는 노래도 불렀어요."

온화한 미소를 짓고 있던 첸 선생님이 갑자기 처연한 표정으로 신승훈의 '아이 빌리브'를 부르기 시작했다. 갑작스런 노래에 놀라 웃음이 터졌는데, 실례인가 싶어 재빨리 헛기침을 하며 마음을 진정시켰다. 유쾌한 유머가 간간이 섞인 선생님의 화법에 어색한 공기가 서서히 걷혔다.

첸 선생님이 두 번째 차를 꺼냈다. 노을 무렵 황금빛 햇살을 닮은 차가 순식간에 우러났다. 선생님이 향을 맡아보라며 차를 우려낸 다구의 뚜껑을 건넸다. 달큰하고 부드러운 향기에 온몸의 긴장이 스르르 풀리며 탄성이 새어 나왔다. 코끝에서 향이 사라지는 것이 아쉬워 몇 번이고 뚜껑을 들어 향을 맡았다.

맛은 더 기가 막혔다. 도대체 차를 어떻게 우려낸 것인지, 우릴 때마다 맛이 미묘하게 달라지는 것이 근사한 변주곡을 음미하는 듯했다. 대단한 맛이라고 인상을 쓰며 감탄을 하다 차의 이름을 물었다. 선생님이 메모지에 '滇红'이라고 써서 건네주었다. 윈난 홍차, 뎬홍(滇红, 전홍)이라고 했다. 따뜻한 물에 닿아 자유롭게 흔들리는 찻잎처럼 글씨 또한 흐드러지듯 아름다웠다.

찻집에 손님이 나밖에 없어 물어보니 이곳은 차를 파는 곳이 아니라 선생님이 혼자서, 또는 친구나 손님을 대접할 때 쓰는 개인 차실이라고 했다.

"사실 저는 샤먼에 있는 시간보다 베이징에 있는 시간이 더 깁니다. 멀리서 친구들이 샤먼에 오더라도 차 한번 대접하기 어렵지요. 오랜만에 샤먼에 왔는데, 마침 이곳에 오겠다는 메시지를 받았습니다. 이게 다 인연 아니겠습니까?"

선생님은 본인이 발행하는 예술잡지 〈이핀(芝品)〉과 보이차를 선물로 건넸다. 지금 차만으로도 충분한데 선물까지 주시면 너무 죄송하다며 몸 둘 바를 몰라 하니, 선생님이 다시 한번 말했다.

"인연(緣分)이니까요."

세 번째로 보이차를 마시면서는 나의 이야기를 했다. 중국은 각 지방마다 개성이 뚜렷하여 매번 놀라고 있다는 이야기, 요즘은 중국어를 공부하고 있는데 시적인 표현들이 아름다워 나중에는 당시(唐诗)도 배워보고 싶다는 이야기, 한국에서 마셨던 첫 중국 차 이야기를 신나게 재잘거렸다.

벅찬 얼굴로 가만히 이야기를 듣던 선생님이 샤먼에서는 어딜 가보았냐고 묻더니 메모지에 샤먼 그리고 푸젠성(福建省)에서 가볼 만한 곳을 써 내려가기 시작했다. 그러다 이것만으로는 안 되겠다는 듯, 핸드폰을 꺼내 전화를 걸기 시작했다.

"(전화기를 든 채 나를 보며) 샤먼대학 가봐요. 중국에서 가장 아름다운 대학입니다. 내가 동료 교수한테 연락해둘게요. (통화) 나야. 내가 한국에서 온 좋은 친구 하나 있어서 소개해줄게. 데리고 샤먼대학 구경 한번 시켜줘. 나는 언제 보냐고? 아니, 내가 시간이 어딨어. 됐어, 됐어, 연락처 남길 테니까 그렇게 알아."

"(다시 연락처를 보다가) 푸젠성은 유명한 차 산지입니다. 우이산 한 번 다녀와요. (통화) 잘 지내죠? 한국에서 손님이 왔어요. 우이산 가라고 할 테니 차도 같이 마시고, 좋은 곳들 좀 알려줘요. (전화 끊고) 우이산에서 찻잎으로 1등인, 가장 유명한 찻집을 하는 친구예요. 한번 연락해보세요."

잠잠하던 내 핸드폰에 불이 나기 시작했다. 여기저기서 '안녕하세요, 소개받은 누구입니다, 시간은 언제 되시나요?' 하고 물어오니 정신이 하나도 없었다. 차를 마시다 말고 새로운 사람들과의 인사를 한바탕 마치고 났을 때, 선생님이 물었다.

"앞으로 무슨 일을 하고 싶어요?"

"아직 잘 모르겠지만 중국 문화도, 언어도 좋아해요. 참, 얼마 전에 상하이에서 지냈던 이야기로 첫 번째 계약을 해서 많이 기뻤어요."[11]

---

11   상하이 출장 이야기를 담은 글, 〈호텔 밖 진짜 상하이를 권하다〉는 2018년 2월, 온라인 콘텐츠 플랫폼 퍼블리(www.publy.co)에서 발행되었다.

"작가시군요."

"글쎄요, 아직 글이 세상에 나오지도 않았는걸요."

"각 지방 다닐 때마다 위챗에 써서 올린 글 봤어요. 모두 좋더라고요. 여행했던 걸 글로 써보는 건 어때요?"

"제가 그럴 수 있을까요?"

"그럼요. 잘 될 거예요."

선생님은 무슨 차를 좋아하냐고 물었더니, 대만의 차, 그중에서도 둥팡메이런(东方美人, 동방미인)[12]을 가장 좋아한다고 했다. 이름이 예쁜 차라고 하자, 맛은 더 좋다는 대답이 돌아왔다. 오늘은 없어서 아쉽게 마실 수 없지만 다음에는 꼭 같이 마시자고 했다.

다시 이야기를 이어가다 다홍파오(大红袍)[13]를 좋아한다는 내말에 선생님은 환하게 웃으며 마지막으로 다홍파오를 마시자고 했다. 차 진열장에서 다홍파오를 꺼내면서 선생님은 이 다홍파오는 정말 귀하고 비싼 것이라고 몇 번을 말했다. 지금까지 차를 우리면서 생색 한 번 낸 적 없는 선생님이 자꾸 강조해서 말하니

12　찻잔 속 찻잎이 하늘거리는 모습이 아름다운 동양 미인이 춤추는 모습과 같다며 동방미인(东方美人)이라 이름 붙였다고 한다.

13　푸젠성 우이산에 있는 다홍파오의 원종 차나무는 여섯 그루 정도로 연간 생산량인 400~500g에 불과하다. 때문에 옛날에는 황제만 마셨고, 지금도 그에 준하는 사람만이 마실 정도로 희소하고 가격이 비싼 차다.

꼭 마시지 않아도 된다며 다시 안절부절못했다.

선생님이 흔쾌히 내어준 다홍파오는 그야말로, '압권(压轴)'이었다. 묵직하면서도 부드럽고, 쓴 듯하면서 달았다. 더불어 입안 가득 느껴지는 은은한 향에 다시 한번 탄성을 지르고 말았다. 두 시간 남짓 받은 융숭한 대접이 꿈처럼 느껴져 얼떨떨했다. 말을 잃고 가만히 앉아 있다가 선생님을 보고 말했다.

"제가 운이 참 좋은 사람인가 봐요. 상상조차 못 했던 환대를 받았네요. 정말 잊지 못할 거예요."

"중국에서 더 좋은 기억을 만들고, 깊은 인상을 받아 갔으면, 그리고 샤먼을 더 사랑하게 되었으면 좋겠습니다."

선생님이 흐뭇한 얼굴로 빙그레 웃었다. 내가 괜찮다고 몇 번을 사양했는데도 선생님은 구태여 엘리베이터까지 나와 배웅을 해주었다. 합장을 하며 인사를 하는 선생님의 모습이 엘리베이터 문이 닫히며 사라졌다. 그 순간 긴장이 풀려 몸이 휘청하고 흔들렸다. 마침내 나도 중국 차의 세계에 눈을 뜨고 말았다.

첸 선생님이 추천해준
샤먼의 장소들

샤먼대학(厦门大学)

중국에서 캠퍼스가 가장 아름답기로 유명한 종합 대학교다. 캠퍼스를 구경하려는 관광객들로 학교가 늘 북적거린다. 이전에는 신분증 검사 후 자유롭게 들어갈 수 있었는데, 최근에 방문 방법이 예약제로 바뀌었다. 샤먼대학을 방문하려면 위챗 공식 계정을 통해 사전 예약을 해야 한다. 매일 방문 가능한 인원이 제한되기 때문에 예약 성공이 만만치 않다. 그러니 방문 3일 전에는 미리 예약을 해두는 것이 좋다.

주소　　厦门市思明区思明南路422号
예약 방법　샤먼대학 방문 예약 위챗 공식 계정 / U夏大

고궁 구랑위 외국 문물관(故宫鼓浪屿外国文物馆)

고궁박물관과 샤먼시가 함께 만든 박물관으로 구랑위에 있다. 중국의 대표 항구도시인 샤먼답게, 주로 명(明), 청(清)대에 세계 각국과 교류했던 시대상이 담긴 문물들이 전시되어 있다. 유럽, 아시아, 미주 국가들이 보내온 진귀한 문물들, 중국의 자기 문화에 영향받아 각국의 스타일로 새롭게 만들어진 자기, 청나라 사람들이 사용했던 해외에서 들여온 일상용품을 보면 18~19세기의 중국, 그리고 각국의 예술, 기술의 위상이 어떠했을지 상상되어 흥미롭다.

주소	福建省厦门市鼓浪屿鼓新路80号
입장료	50위안
개방시간	9:00-17:00(16시 입장 마감)

충둥수뎬(虫洞书店)

구랑위의 10대 별장 중 하나인 하이톈탕거우(海天堂构)가 충둥(虫洞)이라는 이름의 근사한 서점이 되었다. '웜홀'이라는 뜻의 충둥수뎬은 서점에 들른 여행자들이 구랑위의 과거과 현재, 현재와 미래를 넘나들기를 바라며 붙여진 이름이다. 중국과 서양의 건축양식이 융합되어 만들어진 독특한 건물 안에서 구랑위의 역사, 문화 등을 소개한 책을 보고 있으면 구랑위의 예전 모습이 절로 궁금해진다.

주소	厦门市思明区福建路34号
전화	0592-208-8175
개방시간	매일 9:00-21:00

웨딩 사진의 바깥 풍경

구랑위(鼓浪嶼)

나는 예전부터 웨딩 사진을 볼 때마다 어쩐지 낯설었다. 하얀 드레스를 입고 다소곳이 꽃을 들고 있는 친구가 내 앞에서 호탕하게 웃으면, 무뚝뚝한 선배가 누군가를 사랑스러운 얼굴로 바라보는 모습을 보면, 사진 속 사람과 내 앞에 있는 사람이 동일 인물이라는 걸 받아들이느라 머릿속에서 삐걱거리는 소리가 났다.

사진을 빤히 들여다보고 있으면 친구들은 꼭 웨딩 촬영하던 날의 이야기를 속사포처럼 쏟아냈다. 웃는 것도 한두 번이지 하루 종일 웃으려니 입가에 경련이 났다던가, 포즈 연습 좀 해갈 걸 어색해서 혼났다던가, 하루 종일 밥도 제대로 못 먹고 극한 노동이 따로 없었다는 푸념이었다. 그래도 인생 사진을 건졌다며 흐뭇하게 웃는 친구들을 보면 그제야 나도 함께 기분이 좋아졌다.

무용담처럼 전해 들었던 웨딩 촬영 현장을 샤먼에서는 하루에도 수십 번씩 마주쳤다. 사진이 예쁘게 나오겠다 싶은 곳이라면

드레스와 턱시도를 갖춰 입은 예비부부가 어김없이 사진을 찍고 있었다. 푸른 바다와 싱그러운 꽃, 그리고 이국적인 건축물이 가득한 샤먼은 중국에서 소문난 웨딩 촬영지였다. 그중에서도 구랑위라는 섬은 거대한 대형 스튜디오인가 싶을 정도로 유독 웨딩 촬영하는 사람들이 많았다.

한 번은 구랑위에서 산책을 하다 바닷가 쪽에 있는 외딴 바위 하나를 발견했다. 조그마한 간이 계단이 있어 올라가 보니 구랑위가 한눈에 내려다보이는 멋진 풍경이 나타났다. 탁 트인 경치에 감탄하는 것도 잠시, 촬영 스태프들이 우르르 올라왔고, 얼마 안 있어 웨딩드레스를 입은 신부가 좁고 가파른 계단을 성큼성큼 올라왔다.

예비 신부가 당당하게 포즈를 취했고, 풍경보다 아름다운 신부를 구경하려 사람들이 모여들었다. 환한 미소로 사진을 찍던 신부가 멋쩍어져 '풋' 하고 웃기라도 하면 숨죽이고 있던 사람들이 모두 와하하 웃었다. 잠시 촬영을 쉴 때마다 사람들은 신부가 정말 예쁘지 않냐며 저마다 한마디씩 거들었다. '이제 다른 곳으로 가볼까?' 하고 내려가려 보니 이미 계단 한 편에서 다른 웨딩 촬영팀이 대기 중이었다.

이런 외진 곳은 그래도 사정이 좀 나았다. 웅장한 성당 앞에는 사람들이 웨딩드레스와 턱시도를 입고 모여서 운동회라도 연 건 아닌가 싶을 정도로 사진을 찍는 사람들이 많았다. 그 광경이 신기해서 유명한 건축물 대신 웨딩 촬영하는 것만 실컷 구경하다 오기도 했다.

어둑해진 저녁, 숙소로 돌아가는 길에는 고요한 파도 소리 대신 "고생하셨습니다" 하는 소리와 촬영 소품을 가득 실은 캐리어 바퀴가 바닥을 긁는 소리가 났다. 양손에 드레스를 잡아 든 신부와 짐을 진 신랑이 스태프를 뒤따라 걸었다. 가로등 불빛에 언뜻 비친 예비부부의 얼굴에는 피로가 잔뜩 올라앉아 있었다.

웨딩 촬영은 가장 아름다운 절정의 순간인 줄 알았는데 아니었다. 아름답게 보이는 순간은 셔터가 터지는 찰나였을 뿐, 촬영 현장은 우아한 백조의 모습보다는 물 아래서 분주하게 헤엄치는 백조 다리를 더 닮아 있었다.

구랑위에서 마주쳤던 수많은 예비부부들의 찰나는 사진 속에 어떤 모습으로 남았을까. 인생의 가장 빛나는 한순간을 사진에 담아내기 위해 보이지 않는 곳에서 애써 고생한 만큼 마음에 쏙 들었으면 좋겠는데. 지금쯤이면 푹신한 소파에 나른하게 앉아 벽에 걸린 사진을 보면서 '우리 저 날 샤먼에서 고생했던 것 기억나?' 하고 추억담을 깔깔거리며 나누면서 고단한 하루의 회포를 풀고 있을지도 모르겠다.

르광옌에 오르는
가장 정확한 시간

르광옌(日光岩, 일광암)

어느 장소든 그곳만의 아름다움이 특별하게 도드라지는 시간이 있다. 어떤 곳은 해가 뜨는 순간이 가장 아름답고, 어떤 곳은 늦은 밤이 되어야 화려하게 빛난다. 꼭 그때가 아니더라도 나름의 매력은 있겠지만, 갈 수 있는 기회가 딱 한 번 주어진다면 나는 정확한 시간에 정확한 장소를 가고 싶었다.

르광옌에 갈 마음을 먹었을 때도 그랬다. 태양이 찬란하게 빛난다는 이름의 바위를 우중충한 날 오르고 싶지는 않았다. 힘들게 바위를 올라갔는데 흐릿한 바다가 보인다면 속상할 게 분명했다. 이왕이면 저녁노을에 반짝이는 바다와 화사한 샤먼 경치를 보고 싶었다.

그런데 이게 웬걸, 구랑위에 있는 내내 하늘에는 구름만 잔뜩이었다. 톡 하고 건들면 궂은 비가 우수수 쏟아질 것 같았다. 그래도 내일은 해가 뜰 거라 믿으며 하루, 이틀 기다리다 보니 어느

새 마지막 밤이었다. 이대로 떠날 수는 없었다. 혹시 모르니 이틀만 더 기다려보기로 했다. 어쩌면 태양이 나올 수도 있으니까.

하늘도 무심하시지, 이튿날엔 비가 왔다. 큰맘 먹은 일의 결과가 이토록 처참하다니. 창밖으로 떨어지는 비를 보고 있자니 기가 막혀 웃음이 났다. 이불을 뒤집어쓰고 한참 뒹굴뒹굴하다 그래도 뭐라도 해야지 싶어 밖으로 나갔다.

구랑위의 가게들이 옹기종기 모여 있는 중심지도 어제만큼 사람이 많지 않았다. 그렇게 이 가게 저 가게 다니며 달콤한 디저트도 먹고, 민국시대에 지었다는 공관을 돌아다니며 시간을 보냈다. 이렇게 하루를 보내는 것도 생각보다 나쁘진 않았다.

어느덧 늦은 오후였다. 벤치에 앉아 쉬는데 발 옆으로 햇빛이 떨어졌다. 놀라서 하늘을 쳐다보니 그토록 기다리던 파란 하늘이 모습을 드러내고 있었다. 입이 딱 벌어진 채 잠시 서 있다가 르광옌 방향으로 뛰기 시작했다.

우르르 몰려가는 단체 관광객을 따라가니 르광옌 매표소였다. 뛰어오는 동안 하늘은 점점 더 파래져 있었다. 오늘을 위해 3일을 기다리길 잘했다는 생각에 신이 나서 바위를 올랐다. 아빠 등에 업혀 요술봉을 흔드는 아이, 손을 꼭 잡고 가는 연인, 가족들과 함께 온 할머니와 앞서거니 뒤서거니 하며 천천히 걸었다.

가파른 계단을 올라 도착한 일광암 정상의 풍경은 과연 아름다웠다. 덜 걷힌 구름 탓에 여전히 조금 우중충했지만 그래도 퍽 근사했다. 무리를 지어 바다 위를 가로지르는 배들도 위에서 보니 장난감처럼 귀여웠고, 빨간 지붕이 유난히 많은 구랑위의 모습은 동화 속 마을처럼 아기자기했다.

그래도 3일이나 기다렸는데 그냥 내려가기 아쉬워 내려가는 계단 옆 평평한 바위에 풀썩 앉았다. 사람들로 바글거리는 전망대와는 달리 그 바위에서는 멍하니 풍경을 바라볼 수 있어 좋았다.

내 옆에서는 중년의 부부가 서로를 찍어주고 있었다. 한 명씩 바위에 서서 찍다가 아쉬웠는지 옆에 앉아 있던 대학생 커플에게 사진을 찍어줄 수 있겠느냐며 카메라를 건넸다. 청년이 앉았다 일어났다 하며 사진을 찍었다. 어색하게 사진을 찍던 아저씨는 머뭇거리다 아주머니에게 어깨동무도 하고, 허리도 감싸며 상기된 얼굴로 포즈를 잡았다.

카메라를 다시 건네받은 아저씨는 고맙다고 연신 인사를 했다. 아저씨와 아주머니는 다시 바위에 앉아 방금 찍은 사진을 번갈아 보다가 그 커플에게 자신의 핸드폰을 건네며 말했다.

"이것 보세요. 우리 부부가 20년 전에 여기에서 찍은 사진이에요. 같은 자리에서 다시 사진을 찍어보고 싶어서 20년 만에 샤먼 여행을 왔어요. 멋진 사진을 찍어줘서 고마워요."

대학생 커플은 고개를 바짝 맞대고 사진을 보며 "대박, 정말 대단해요!" 하면서 20년 전의 얼굴과 지금의 부부 얼굴을 번갈아 보며 웃었다. 그러다 갑자기 마음이라도 통한 듯 동시에 "아저씨, 우리도 사진 찍어주세요!" 하며 카메라를 건넸다. 아저씨는 신이 나서 벌떡 일어나 어린 커플의 모습을 담아 주었다. 팔짱도 끼고 어깨동무도 하며 자연스럽게 포즈를 잡는 커플의 모습이 찰칵찰칵 카메라에 담겼다.

오늘 찍힌 자신들의 모습을 환하게 웃으며 들여다보는 이 두 커플을 가만히 보고 있자니 도저히 궁금해서 참을 수가 없었다.

"저기… 아저씨, 저도 20년 전에 찍은 사진 볼 수 있을까요?"

아저씨와 아주머니는 쭈뼛거리며 말하는 나를 보고 하하하 웃더니 이리 와서 보라며 핸드폰을 건넸다. 20년 전 그날에는 호리호리한 청년이 다소 딱딱한 얼굴로 서 있었다. 옆에는 단발머리 아가씨가 활짝 웃으며 청년의 손을 잡고 있었다. 앳된 커플의 뒤로 그때나 지금이나 똑같은 모습의 르광옌이 보였다.

핸드폰에서 눈을 떼고 아저씨, 아주머니의 얼굴을 차례로 보았다. 좀 아까 사진 찍을 때 긴장한 모습과는 달리 환하게 웃고 있는 아저씨와 아주머니를 보니 이날도 오늘처럼 설레는 마음이었겠다 싶어 빙그레 웃음이 났다.

파랗고 쨍한 구랑위 풍경을 보는 것도 좋았을 테지만 그보다 더 귀한 순간을 만난 것 같아 마음이 뽀송뽀송해졌다. 갑자기 쏟아진 햇살이 이 순간을 만나게 해주려 나를 이곳으로 이끌어준 것은 아니었을까. 르광옌에 올라야 할 정확한 시간은 바로 지금이라고.

르광옌은 구랑위에서 가장 높은 곳에 있는 샤먼의 대표적인 관광지다. 르광옌은 원래 황옌(晃岩)이라 불렸다. 르광옌이라는 이름을 붙인 것은 네덜란드가 지배하던 타이완을 수복한 명나라 장수, 정성공(鄭成功)이다. 일본인 어머니와 중국인 아버지 사이에서 태어난 그는 르광옌에 왔을 때 이곳이 일본의 닛코산(日光山, 일광산)보다 아름답다며 황옌(晃岩)의 황(晃)자를 위아래로 쪼개어 日光岩(르광옌)이라 이름을 지었다고 한다. '태양 빛 바위'이라는 이름답게 일출, 일몰 무렵의 풍경이 특히 아름답다.

주소   思明区晃岩路62-64号

입장료   50위안(르광옌), 90위안(르광옌 포함, 구랑위 주요 5개 관광지 입장권 세트)

개방시간   7:00~18:00

3

그곳에 사는 사람들
Local People

양숴

阳朔

산수화 속에 머물다

양쉬(阳朔)

중국의 방방곡곡을 돌아보겠다며 회사를 그만두고 난 후, 처음으로 떠나는 여행이었다. 그토록 오랫동안 꿈꿔왔던 장기 여행이기도 했다. 정해진 휴가 기간 때문에 아쉬운 마음으로 떠날 필요 없이, 충분히 즐기고 난 후에 다음 장소로 떠나는 여행을 해보고 싶었다. 노트에 가고 싶은 중국의 지역들을 차곡차곡 적었다. 야심 찬 여행의 시작은 양쉬였다.

비행기에서 내리니 아름다운 그림이 펼쳐졌다. 식당에서 보이는 새파란 산봉우리라던가, 느긋하게 떠다니는 대나무 뗏목은 아무리 보아도 적응이 되지 않았다. 나는 마치 멋진 산수화 속에 잘못 그려진 사람처럼 어색한 모습으로 어쩔 줄 몰라 했다.

하지만 다행이었다. 양쉬 풍경이 천하제일이라는 소문을 듣고 온 각지각국의 사람들이 가득한 거리에서 놀란 가슴을 진정시킬 수 있었고, 매일 자전거를 타고 이리저리 쏘다니니 마냥 낯설던

거리도 차차 눈에 익었다. 어떤 날은 산에서 우연히 만난 친구 덕에 옆 마을의 일상에 슬쩍 들어가 보기도 했다. 잠깐 왔다 갔으면 스치듯 지나쳤을 산과, 가게와, 사람들을 몇 번이고 다시 만나니 양숴와 내 마음의 거리도 차츰 가까워졌다.

그런데 문제가 생겼다. 머무는 시간이 늘어날수록 떠날 생각에 자꾸만 속이 상했다. 언제 떠나면 좋을지 도무지 판단할 수가 없었다. '충분하다'는 건 모든 것을 다 해본다고 되는 게 아니라 욕심을 버려야 비로소 닿을 수 있는 단어라는 걸 그때 알았다. 결국 나는 양숴를 충분히 보지 못한 채 떠나고 말았다. 하지만 그렇게 아쉽지만은 않았다. 충분히 보지 못한 덕에 또 오고 싶은 여행지 하나가 생겼으니까.

여행 시기 2017년 10월
여행 기간 10일
여행 방법 친구와 함께 / 자유 여행
중국어 가능 정도 중국어로 기초적인 의사소통 가능

낯선 산 동네의 베이스캠프

시제(西街)

낯선 풍경이었다. 낮은 산봉우리가 가로등보다 많은 바깥 풍경을 보고 있자니 아침까지만 해도 고층 빌딩이 가득한 도시에 있었다는 사실이 믿기지 않았다. 별세계라도 도착한 듯 벙 찐 표정으로 창밖을 가만히 바라볼 뿐이었다.

상상도 못 했던 경치를 보게 되면 마냥 기쁠 줄 알았는데 온몸에 바짝 힘이 들어갔다. 음식은 입에 맞을까, 이곳에서 며칠이나 버틸 수 있을까 하는 생각들이 자꾸 꼬리에 꼬리를 물었다. 풍경이 아름다운 만큼 편리함과 익숙함을 포기해야 한다는 걸 알기에 마음을 단단히 먹었다.

한 시간을 달려 도착한 양숴 시내는 번화한 곳이었다. 사람 많기로 유명한 국경절 연휴라더니 온 거리가 여행객들로 바글바글했다. 그 번잡함이 싫지만은 않았다. 출근 시간에 지하철 환승역에서 우르르 쏟아지던 사람들처럼 내가 매일 보던 풍경을 닮아 있었으니까.

숙소에 짐을 풀고 처음으로 향한 곳은 가장 유명한 번화가, 시제였다. 그곳에서 뜻밖에 익숙한 가게들을 만났다. 바로 맥도날드와 스타벅스였다. 나지막한 산 앞에서 반짝이는 노란 간판과 초록 로고를 보니 반가워서 자꾸만 웃음이 났다.

시제에는 맥도날드와 스타벅스 말고도 외국 식당들이 많았다. 피자를 파는 곳도, 독일 요리, 인도 요리를 파는 곳도 있었다. 거리를 걷다 보면 가게 앞에 나와 담배를 피며 쉬는 외국인 요리사들도 종종 보였다. 소박한 식당이 몇 개 붙어 있는 자그마한 거리일 줄 알았는데, 다양한 세계 음식을 파는 외국인 거리라니 놀라웠다.

그도 그럴 것이 시제는 전국에서도 손꼽히는 외국인 밀집지역 중 하나였다. 특히 서양에서 온 외국인이 많다 하여 이곳은 양런제(洋人街, 양인가)라고도 불렸다. 외진 산골 마을에 외국인들이 모이기 시작한 건 40년전부터였다. 1972년, 양숴가 속한 구이린시(桂林市)는 베이징, 상하이, 광저우, 시안과 함께 처음으로 외국인에게 문을 열었다. 개방 후, 수묵화 같은 양숴 풍경을 즐기려는 외국인들이 꾸준히 유입되었고, 이곳은 중국의 대표적인 여행도시로 성장했다.

여행하러 왔다가 고즈넉한 경치에 반해 정착하는 사람도 생기

기 시작했다. 누군가는 현지 사람과 사랑에 빠져 결혼을 해서 정착했고, 어떤 사람은 자연을 벗 삼아 새로운 삶을 꾸려나가기 위해 음식점이나 게스트하우스를 열기도 했다. 외국에서 온 사람들이 가게를 열면서 시제의 모습도 차츰 바뀌기 시작했다. 나지막한 남방식 전통 건물에 외국어 간판이 붙기 시작했고, 그 모습은 이 거리의 개성이 되었다. 그렇게 시제는 양숴에서 가장 특색 있는 거리가 되었다.

하루 종일 양숴가 그려낸 산수화 속을 정신없이 누비다가도 배가 고파지면 어김없이 시제로 돌아와 먹고 싶은 음식을 찾아다녔다. 선선한 바람이 부는 날 저녁에는 피자를 먹으면서 하루 일정을 마무리했고, 너무 더워 입맛이 없는 날에는 강렬한 맛의 인도 커리를 먹고 힘을 내어 먼 길을 나서기도 했다.

시제에서는 오늘 저녁에 먹고 싶은 것도, 내일 하고 싶은 일도 자꾸만 떠올랐다. '이곳에서 일주일 넘게 머무를 수 있을까' 했던 걱정도 스멀스멀 모습을 감추기 시작했다. 익숙한 듯 특별한 자극을 더해주는 나의 베이스캠프, 시제 덕분이었다.

새로운 걸 보여줄게

푸리 마을(福利镇) 청년 샤오모(小莫)

그날은 이상하게 그 산을 꼭 오르고 싶었다. 일몰 시간도 얼마 안 남고, 지도 어플이 알려 주는 길이 너무 꼬불거려 이상했는데도 멈출 줄을 몰랐다. 시장 사이로 난 좁은 오르막길에서 두리번거리며 표지판을 찾는데 반대편에서 이 동네에 사는 듯한 여자분이 걸어왔다.

"양숴 TV탑 가는 길 맞나요?"

"맞아요. 그런데 자전거를 끌고 올라가진 못할 거예요. 여기에 세워 놓고 가요."

양숴에서 처음 오르는 산이었다. 산이 높지 않아 만만할 줄 알았는데, 오산이었다. 문제는 높이가 아니라 경사였다. 가파른 오르막길을 올라가다 보니 몇 걸음만 걸었는데도 숨이 턱턱 막혔다.

발을 떼게 만드는 유일한 동력은 시간이었다. 해가 지기 전에 도착하지 못하면 깜깜한 산길을 혼자 내려와야 한다는 생각에 마음이 급했다. 경사가 가파른 계단을 올라가며 그냥 내려갈까 하고 생각하던 차에 평평한 길이 나타났다. 그 길옆에 있는 판판한 바위 위에 청년이 한 명 서 있었다.

청년을 따라 바위 위에 올라섰다. 이제 막 불이 반짝반짝 켜지기 시작한 시가지와 그 뒤로 쭉 펼쳐진 자그마한 산들이 한눈에 들어왔다. 핸드폰으로 풍경을 찍던 청년이 숨을 크게 들이마셨다가 시원하게 내뱉었다. 그리고 고개를 돌려 나를 쳐다보았다. 나는 그 청년에게 물었다.

"저… 여기가 정상인가요?"

"아니요. 전망대는 좀 더 올라가야 돼요. 아마 저기 철문을 두드리면 경비 아저씨가 나올 거예요. 그런데 시간이 늦어서 들어갈 수 있을지 모르겠어요. 얼른 가봐요."

"그런데 지금 올라가면 너무 늦지 않을까요? 해가 다 져서 내려가는 길이 걱정이에요."

"저는 여기서 친구를 기다리고 있거든요. 셋이 같이 내려가요. 기다리고 있을게요."

청년에게 금방 다녀오겠다고 말하고, TV탑 철문으로 달려가 문을 두드렸다. 경비 아저씨는 이미 해가 져서 들어갈 수 없으니

다음에 다시 오라고 했다. 마침 전망대에서 내려오던 내 또래의 여자분이 그 말을 듣더니 잠깐이면 되지 않냐며 부탁을 해보았지만 아저씨는 단호하게 고개를 저었다. 결국 정상은 밟아보지도 못하고 내려가게 되었다.

그 여자분은 바위에서 만난 청년의 동행이었다. 그녀는 여행 온 게스트하우스의 손님이었고, 그 앳된 청년은 게스트하우스의 사장이었다. 국경절 연휴 동안 게스트하우스가 만실이라 정신이 없었는데, 오늘은 여유가 생겨 손님과 함께 TV탑에 올라왔다고 했다.

우리는 일렬로 서서 나란히 걸어 내려갔다. 어둑어둑해진 길을 걸으며 우리는 각자 사는 도시를 소개했다. 내가 서울과 한국에 대해서 말할 때마다 청년은 눈을 반짝이며 이것저것 물었다. 슬리퍼를 질질 끌면서 걷던 청년이 덜컥 걸음을 멈추고 뒤를 돌아볼 때마다 나는 어두우니 조심하라며 잔소리를 했다. 청년은 괜찮다며 씩 웃더니 핸드폰을 꺼내 라이터를 비춰 뒤따라오는 우리의 길을 환하게 밝혀주었다.

혼자 걸을 때는 길게만 느껴지던 길이었는데, 함께 수다를 떨며 내려오니 금방이었다. 마침내 큰 길가에 도착했고 우리는 같이 저녁을 먹기로 했다. 양쉬 주민인 청년이 우리를 데리고 라이브 음악을 들을 수 있는 식당으로 갔다.

거하게 주문을 했는데 청년이 전화를 한 통 받더니 갑자기 급한 일이 생겼다며 먼저 가보겠다고 했다. 우리는 아쉬운 마음으로 인사를 나눴다. 그런데 한시가 급한 것 같았던 청년이 어쩐 일인지 나가지 않고 머뭇거렸다. 그가 메신저에 친구 추가를 해도 되느냐고 쭈뼛쭈뼛 물었다. 우리는 서로의 연락처를 주고받았다. 청년의 이름은 샤오모(小莫)였다.

그날 저녁, 샤오모에게 연락이 왔다. 안부를 슬금슬금 묻던 샤오모가 내일 무얼 할 거냐고 물었다. 아직 별 계획이 없다고 하자 샤오모는 자기도 마침 쉬는 날이라며 푸리 마을(福利镇)에 가자고 했다. 자기가 나고 자란 농촌 마을이라며 이렇게 말했다.

"너에게 새로운 걸 보여주고 싶어."

나는 조금 고민하다가 그러자고 했다. 샤오모가 자기가 운영하는 게스트하우스의 주소를 보내왔다. 낯선 친구와 먼 길을 떠날 생각에 겁이 났지만 마음 한 켠에서 호기심이 마구 부풀어 오르니 어쩔 수 없었다.

다음 날 아침 일찍 일어나 자전거를 타고 주소가 적힌 곳으로 향했다. 게스트하우스는 번화가에서 조금 벗어난 골목길에 있었다. 샤오모는 게스트하우스 문을 활짝 열어 놓고 전동 오토바이를 충전하고 있었다.

샤오모가 오토바이를 타고 게스트하우스 앞을 한 바퀴 돌더니 뒤에 타라고 했다. 나는 머뭇거리다 어색하게 앉아 샤오모의 어깨를 잡았다. 오토바이가 시동을 거는 소리도 없이 스르륵 출발했다. 깜짝 놀라 어깨를 꽉 잡고 '어, 어, 어!' 하고 소리 지르는 나를 보고 샤오모가 키득키득 웃었다.

지글지글 타오르는 태양이 뜨겁게 느껴질 틈도 없이, 강바람과 산바람이 얼굴을 시원하게 스쳐 갔다. 터널을 지나고 다리를 건널 때마다 새롭게 펼쳐지는 풍경을 보며 나는 온갖 종류의 감탄사를 내뱉었다. 가로등만큼 촘촘히 서 있는 작은 산 위로 하늘이 파랗게 물들어 있었다. 눈이 다 시원해지는 풍경을 보니 마음이 구름처럼 몽글몽글해졌다.

푸리 마을에 도착했다. 자그마한 상점들이 옹기종기 늘어서 있는 골목이 가장 번화한 곳이라는 작은 마을이었다. 좁다란 골목을 구불구불 지나 샤오모네 집에 도착했다.

문을 열고 들어간 집은 천장이 높은 2층 집이었다. 가만히 서 있어도 땀이 삐질삐질 날 정도로 더운 날씨였는데 집 안은 약간 썰렁한 기운이 돌았다. 내가 거실을 둘러보는 사이 샤오모는 부엌에 들어가 엄마가 만들었다는 보리떡을 가져왔다. 거슬거슬한 고물을 묻힌 떡이 쫀득하고 고소했다. 예상치 못한 맛에 내가 눈을 번쩍 뜨자 샤오모가 떡을 한 개 더 가져와서 건넸다. 샤오모는

우물우물 떡을 씹으며 아침을 먹으러 시장에 가자고 했다.

아침부터 시장에는 생기가 넘쳤다. 푸드덕거리는 닭들을 일사불란하게 정리하는 아저씨도 있었고, 큼지막하고 탐스러운 과일을 잔뜩 쌓아둔 채 곤히 자는 할머니도 있었다. 처음 보는 풍경에 신이 나서 샤오모 뒤를 졸졸 따라갔다.

샤오모가 자주 간다는 시장 중앙에 있는 음식점에 자리를 잡고 앉았다. 샤오모는 양숴 사투리로 주인아주머니와 반갑게 인사하며 죽과 훈툰(馄饨, 만둣국)을 한 그릇씩 시켰다. 그리고는 커다란 양푼에 담긴 장아찌들을 접시에 덜어주며 이 마을의 특색 요리니 한번 맛보라고 했다.

배추절임은 백김치와 비슷한 맛이었고, 죽과 훈툰은 국물이 진하고 부드러웠다. 샤오모는 밥을 먹는 내내 나의 표정을 가만히 살폈다. 그러면서 너는 양숴 사람이 아니기 때문에 입에 안 맞는 게 당연하다며 억지로 먹지는 말라고 신신당부했다. 나는 지금 내 표정을 보고도 거짓말이라는 생각이 드냐며 죽에 장아찌를 반찬 삼아 한 그릇을 싹 비웠다.

시장을 나서는 길에 아이스크림을 하나씩 사서 들고 동네 산책을 했다. 아이스크림을 물고 슬리퍼를 질질 끌며 걷는 샤오모를 보는데 피식 웃음이 났다. 왜 웃느냐고 묻는 샤오모에게 어제도 그 가파른 산에 슬리퍼를 신고 오른 걸 보고 놀랐다고 했다.

샤오모는 매일 오르는 동네 뒷산이라 슬리퍼를 신고 올라가도 괜찮다고 하다가 내 운동화를 보며 이렇게 더운데 그런 신발을 신으면 답답하지 않느냐고 되물었다. 나는 아마 슬리퍼를 신고 올라갔으면 산에서 데굴데굴 굴러 내려왔을 거라며 웃었다.

도착한 강가에는 웬 소들이 사우나 하듯 물에 몸을 담그고 있었다. 깜짝 놀라 저게 뭐냐고 물었다.

"물소잖아. 물소 처음 봐?"

"본 적이야 있지. 동물원에서…."

샤오모는 하하하 웃으며 가까이 가서 사진 찍으라며 내 등을 떠밀었다. 내가 무서워서 못 가겠다며 뒷걸음질을 치자 그렇다면 자기가 옆에 서 있겠다며 앞장서서 걸어갔다. 한 발 한 발 조용히 다가가 물소 사진을 찍는 동안, 샤오모는 쭈그리고 앉아 물소를 찍는 나를 찍었다.

저 멀리 강가의 큰 바위에서는 새까맣게 피부가 그을린 아이들이 다이빙을 하며 놀고 있었다. 내가 아이들을 물끄러미 바라보자 샤오모는 자기도 어렸을 때 여름만 되면 이곳에서 매일같이 수영하며 놀았다고 했다. 나도 어렸을 때 수영한 기억을 더듬어 보다가 락스 냄새가 풀풀 나는 실내 수영장이 떠올라 웃음이 났다.

샤오모와 대화를 주고받을수록 이렇게 다른 너와 내가 고스란히 느껴졌다. 낯선 마을도 새로웠지만, 샤오모의 눈에 보이는 세상은 더욱 신기했다. 나 혼자만 이런 다름이 놀라웠던 건 아니었는지, 샤오모는 내가 눈을 돌리고 '우와' 하고 탄성을 지를 때마다 무얼 보고 그러는 거냐며 쉬지 않고 물었다.

강가를 벗어나 마을 길로 접어들었을 때, 학교에서 수업을 마친 아이들이 쏟아져 나왔다. "와아" 소리 지르며 나오는 아이들이 우르르 지나가는 걸 기다리느라 걸음이 더뎌졌다. 그 초등학교는 샤오모의 모교이자 샤오모 부모님이 일하는 직장이었다.

한창 걷던 샤오모가 갑자기 멈추더니 한 가게를 물끄러미 바라보았다. 양쉬에서 수십 번은 마주쳤을 평범하고 작은 쌀국수집이었다. 샤오모가 나에게 배가 고프냐고 물었다. 아침 먹은 지 얼마 되지 않아 괜찮다는 말에 가던 길을 계속 걸었다. 몇 발자국 더 가지 못하고 샤오모가 안 되겠다는 듯 멈춰 서서 말했다.

"나 저기서 쌀국수 한 그릇만 먹고 가도 될까?"

식당 안에서는 아이들이 둘, 셋씩 모여 앉아 접시에 얼굴을 푹 담근 채 쌀국수를 먹고 있었다. 더운 증기가 가득 찬 주방에서 쌀국수를 삶고 있는 가게 주인아저씨, 아주머니에게 샤오모는 양쉬 사투리로 인사를 했다. 주인 부부의 얼굴이 활짝 밝아졌다. 주인아주머니는 주방에서 나와 샤오모의 어깨를 토닥토닥 두드리며 한참 이야기를 나눴다.

간판에 '쌀국수'라는 글자만 덩그러니 쓰여 있는 이 작은 식당은 샤오모가 초등학교 다닐 때 자주 오던 식당이었다. 부모님이 일하느라 점심을 챙겨주기 어려워 식당에 돈을 미리 걸어 두고 학교가 끝나면 이곳에서 점심을 먹으라고 했단다. 이 집 쌀국수를 유독 좋아했던 샤오모는 수업이 끝나기만을 기다렸다가 종이 치면 달려와서 한 그릇 먹는 게 당시의 큰 즐거움이었다고 한다.

"양숴에 쌀국수집이 몇백 개 있겠지만, 나한텐 이 집이 최고야. 그야말로 추억의 맛이거든. 그냥 지나치기에는 너무 아쉽더라고."

그 사이 쌀국수가 나왔다. 샤오모는 옆 테이블의 아이들처럼 쌀국수 그릇에 얼굴을 갖다 대고 식당의 공기를 다 마셔버릴 것처럼 냄새를 맡고는 '흐아' 하고 저 속 깊은 곳에서부터 올라온 벅찬 감탄을 뱉어냈다. 그리고 젓가락을 들기 무섭게 후루룩 면발을 입으로 집어넣고는 감격스러운 표정으로 주인아주머니에게 맛이 여전하다고 말했다. 그 모습을 보니 도대체 어떤 맛인지 궁금해서 참을 수가 없었다. 결국 배부르다며 사양했던 나도 볶음 쌀국수 한 그릇을 시켰다.

샤오모를 따라 나도 코를 접시 가까이 대고 쌀국수의 냄새부터 들이켰다. 달큰하면서도 살짝 매콤한 향이 났다. 젓가락을 들어 한입 먹으니 쫄깃하고 넓적한 국수에 밴 매콤하고 짭조름한 맛이 입안 가득 퍼져나갔다. 와중에 아삭아삭 씹히는 것이 있어 그릇을 뒤적거려 보니 깍두기 같은 조각 무가 있었다. 단순하고 투박한 맛일 줄 알았는데 끝에 감칠맛까지 느껴지는 것이 훌륭했다.

우리는 나란히 앉아 순식간에 쌀국수를 한 그릇씩 비웠다. 음식점 문을 나서면서 샤오모는 한참 서서 주인 부부와 인사를 했다. 오고 가는 표정만 보아도 서로 얼마나 반가워하는지 짐작할 수 있었다.

"사장님 부부가 오늘 너를 봐서 아마 많이 기쁘셨을 거야."

"아마라니, 분명히 기쁘셨을 거야. 나도 지금 이렇게 신이 나는걸. 저 식당 안에 들어가는 순간, 어렸을 때로 다시 돌아간 기분이었어."

몸도 마음도 넉넉하게 채우고 난 후, 샤오모네 집으로 돌아갔다. 그리고 다시 전동 오토바이를 타고 마을을 빠져나갔다. 큰 도로로 나가는 길에는 등에 피가 벌겋게 차오르도록 부항을 뜨고 있는 아저씨들과 직접 만든 숫자 카드를 들고 카드놀이 하는 어르신들이 보였다.

들판을 달려 오토바이에서 내린 곳은 거뭇거뭇한 논밭이었다. 그곳에는 대나무를 닮은 까만 사탕수수가 빽빽하게 모여 있었다. 사탕수수밭 옆 수로에서는 물소들이 뜨거운 태양을 피해 느긋하게 몸을 식히는 중이었다. 샤오모는 나에게 잠깐 기다리라고 하고는 혼자 밭 한가운데로 걸어 들어가더니 사탕수수 두 줄기를 손에 들고 걸어 나왔다. 이렇게 가져와도 되냐고 물으니 마침 밭에 일하시는 분들이 있어 돈을 주고 사 왔다고 했다.

나무 그늘에 사이좋게 앉아 사탕수수를 하나씩 집어 들었다. 샤오모는 단단한 사탕수수 껍질을 이로 능숙하게 벗겨, 하얗게 나온 사탕수수즙을 쪽쪽 빨아먹었다. 어떻게 먹어야 할지 몰라 쩔쩔매는 내 모습을 보고 샤오모가 사탕수수 먹는 방법을 차근차근 알려주었다.

벗겨내기 좋아 보이는 껍질의 윗부분을 이로 물고, 쭉 찢어내듯이 껍데기를 아래로 벗겨낸 다음, 안에 하얗게 나오는 사탕수수를 질겅질겅 씹어 먹고 남은 건 뱉어내라고 했다. 어렵게 깐 껍질 속 사탕수수는 밍밍한 듯 달짝지근했다. 사탕수수를 반도 먹지 못했는데 내 손은 이미 열 줄기는 먹은 듯 끈적한 즙으로 범벅이 되어 있었다. 팔까지 잔뜩 흐른 사탕수수즙을 보고 나는 멋쩍어서 웃기 시작했다. 샤오모는 그래도 먹는 속도가 점점 빨라지고 있다고 격려의 말을 하다가 이내 나를 따라 웃었다.

수로 아래로 사탕수수 껍질을 툭툭 뱉으며, 우리는 이런저런 이야기들을 함께 쏟아 냈다.

"오늘 함께 다닌 곳들을 사람들한테 이야기하면 아마 이상하다고 할 거야. 소위 말하는 유명한 관광지도 아니고 대단한 풍경도 없잖아. 그런데 나는 오늘 너와 다닌 곳을 참 좋아해. 그런 곳에서야말로 정말 새로운 걸 볼 수 있거든."

"양쒀에서 네가 가장 좋아하는 곳은 어디야?"

"어제 너를 만났던 그 장소는 언제 가도 좋아. 일이 잘 안 풀리거나 머리가 복잡할 때 거기에 한참 서 있다 오곤 해. 거기 가면 금세 기분이 좋아지거든."

어느덧 저녁 무렵이 되어 양쒀 시내로 다시 향했다. 돌아가는 길에는 햇볕도 바람도 한결 누그러져 있었다. 똑같은 풍경을 두고 처음 보는 듯 좋아하는 나에게 샤오모가 언제 떠나냐고 물었다. 이틀 더 있을 것 같다며 대답을 하고 난 후, 길에 있던 웃음소리도, 말도 모두 사라지고 말았다. 게스트하우스에 도착한 우리는 처음 만난 사람처럼 뻘쭘하게 앉아 있다 어색한 작별 인사를 하고 헤어졌다.

숙소로 돌아와 침대에 누우니 온종일 쌓였던 피로가 나를 무겁게 짓눌렀다. 그대로 기절하듯 잠들 줄 알았는데 어쩐 일인지 밤늦도록 잠이 오지 않았다. 분명히 사탕수수를 먹을 때까지만 해도 신이 났었던 것 같은데, 오늘이 끝나갈수록 마음이 서늘해졌다.

가만히 누워 오늘의 풍경들을 다시 떠올려 보았다. 싱그럽고 정다운 풍경과 사사로운 이야기들을 곱씹으니 달짝지근한 맛이 났다. 발아래 수북하게 사탕수수 껍질이 쌓였던 것처럼 기억들이 차곡차곡 머릿속에서 포개졌다. 오래오래 잊히지 않았으면 하는 하루가 스르르 막을 내렸다.

샤오모와 함께 먹은
양쉬의 맛

구이린 미펀(桂林米粉)

샤오모가 어릴 때 즐겨 먹었다던 쌀국수, 구이린 미펀은 2,000년의 역사를 갖고 있는 음식이다. 진(秦)나라의 50만 대군이 구이린(桂林)에 왔을 무렵, 병사들이 시름시름 앓기 시작했다. 문제는 밥이었다. 고향에서는 내내 밀가루로 만든 면을 먹다가 쌀이 주식인 곳으로 오니 음식이 입에 맞지 않았던 것이다.

식량 문제를 해결하기 위해 병사들은 쌀로 국수를 만들기 시작했다. 이때 국수에 약재를 넣고 함께 끓였는데 이는 낯선 환경에 적응하기 힘들어하는 병사들의 보양을 위해서였다. 구이린 미펀을 먹고 병사들의 체력을 보강한 덕에, 진나라는 남쪽 통일에 성공했다. 통일 후, 일부 북방의 이주민들이 정착하고 계속 만들어 먹으면서 구이린 미펀은 이곳의 대표 음식으로 자리 잡게 되었다.

지금도 양쉬에서는 구이린 미펀을 파는 가게를 쉽게 볼 수 있다. 보통 국물이 있는 탕편(汤粉), 볶음면인 차오편(炒粉) 중 선택하여 먹는 것이 일반적이다. 탕편의 국물은 느끼하지 않고 개운하며, 볶음면은 살짝 매콤하고 감칠맛이 돌아 맛있다.

헤이피간저(黑皮甘蔗, 흑피 사탕수수)

푸리 마을에는 검은 껍질의 사탕수수가 빽빽하게 자라고 있는 밭이 많다. 중국에서 생산되는 헤이피간저의 60퍼센트가 양숴가 속한 광시성에서 난다고 한다. 그 중 푸리 마을의 헤이피간저는 달콤하기로 유명하다. 양숴 길거리에서도 사탕수수를 파는 노점은 자주 볼 수 있다. 줄기째 팔기도 하고, 즙을 내어 음료처럼 팔기도 한다. 싱거운 듯 달짝지근한 맛이 매력적이다.

작별하기 좋은 장소

양쉬 공원(阳朔公园)과 양쉬 TV탑(阳朔电视塔)

양쉬에서 보내는 마지막 날이었다. 또다시 새로운 곳으로 떠난다며 설렐 줄 알았는데, 아니었다. 이제서야 익숙해진 거리의 풍경도 오늘이 마지막이라는 생각에 자꾸만 마음이 무거워졌다. 그렇다고 아쉬움 한 점 남지 않을 때까지 이곳에 머무르자니 가고 싶다고 적어 두었던 다른 도시들이 마음에 밟혔다.

그렇게 이러지도 저러지도 못하는 마음으로 괴로워하다가 그동안 갔던 곳들을 다시 한번 가보기로 했다. 하이라이트 영상 같은 하루를 만들면 이 서운함도 누그러지겠지 하는 마음이었다.

매번 자전거를 세워두던 빵집 앞을 지나 양쉬 공원으로 향했다. 커다란 나무들이 줄지어 서 있는 공원에 들어서니 가슴이 탁 트였다. 사람들은 공원에서 저마다의 방식으로 하루를 시작하고 있었다.

아침 일찍 산책 나온 아이가 할아버지 손을 잡고 아장아장 내 앞을 걸어갔다. 할아버지는 열 걸음마다 한 번씩 걸음을 멈추고 비닐봉지에 든 만두를 꺼내 호호 불어 아이의 입에 쏙 넣어줬다. 넓은 광장에서는 아주머니들의 춤 연습이 한창이었다. 열댓 명의 아주머니들이 일사불란하게 대형을 만들며 음악에 맞춰 춤을 췄다.

그 반대편 테이블에서는 아저씨 셋이 둘러앉아 카드놀이를 하고 있었다. 입으로는 어제 있었던 일을 이야기하며 손으로는 카드를 치는 아저씨들의 모습이 새삼 놀라웠다. 내일도, 모레도 마주할 수 있을 것 같은 풍경을 보니 떠날 생각에 붕 떠 있던 마음이 살포시 내려앉는 것 같았다.

공원에서 나와 어디로 갈지 고민하다가, 양쉬 TV탑을 한 번 더 오르기로 했다. 저번처럼 시간에 쫓겨 허겁지겁 오르지 않고 나의 속도에 맞게 올라보고 싶었다.

그래도 한 번 가봤다고 TV탑 가는 길이 한결 익숙하게 느껴졌다. 작은 식당 앞에 자전거를 세워 두고 산을 오르기 시작했다. 가파른 경사에서는 여전히 숨이 턱턱 막혔지만 그때마다 멈춰서서 숨을 고르니 견딜 만했다. 물을 마시며 둘러보니 나무 사이로 고개를 내민 옆 산도 보였고, '찌르르' 하고 벌레 우는 소리도 간혹 들렸다.

걷다 보니 샤오모를 만났던 곳에 도착했다. 텅 비어 있는 바위를 보니 처음 온 듯 낯설었다. 샤오모가 가장 좋아한다던 그 바위에 다시 올라섰다. 그때는 마음이 바빠 보이지 않았던 늦은 오후의 양숴 풍경이 눈앞에 펼쳐졌다.

샤오모는 마음이 복잡할 때 이곳에 오면 기분이 좋아진다던데, 어쩐 일인지 마음이 도리어 헝클어졌다. 어쩌면 다시는 이곳에 오지 못할 수도, 그리고 샤오모라는 친구도 다시 보지 못할지도 모른다는 사실만 더욱 선명해질 뿐이었다.

숨을 크게 몰아 내쉬고, 바위에서 내려와 지난번에 들어가지 못했던 전망대 문을 두드렸다. 이번에는 수위 아저씨가 나와 문을 열어주었다. 철커덕하고 열린 문을 지나 가파른 계단을 몇 개 오르니 전망대였다.

산 너머의 풍경까지 한눈에 보였다. 일주일 동안 자전거를 타고 신나게 다니던 길들이 가지런하게 정돈되어 있었다. 그동안 다녔던 길들을 떠올리면서 풍경을 차곡차곡 눈에 담았다. '생각보다 많은 곳을 돌아다녔구나' 하고 생각하면서 계단에 걸터앉아 있는데 어떤 여자분이 쭈뼛쭈뼛 다가와 말을 걸었다.

"혹시 며칠 전에 양숴 TV탑 오지 않았어요?"

"어머, 맞아요. 어떻게 아셨어요?"

"제가 그때 자전거 타고 오는 거 보고 길 알려줬었잖아요."

"와, 그분이시구나!"

"아직 양숴에 계시네요. 반가워서 인사했어요."

이곳에 다시 오길 잘했다는 생각이 들었다. 그리고 같은 곳에 다시 오는 기쁨이 무엇인지도 알 것 같았다. 아주 옅었던 우연이 조금 더 선명한 인연과 기억으로 변하자 복잡하게 엉켰던 마음도 조금씩 풀리는 듯했다.

그제서야 양숴에 작별 인사를 할 용기가 생겼다. 그리고 한 번 믿어보기로 했다. 내가 이곳을 잊지 못할 만큼 듬뿍 사랑한다면 나와 양숴의 끈은 점점 단단해질 거라고. 그렇게 마음먹으면 이곳을 영영 떠나는 것이 아니니 마냥 슬퍼할 것도 없다고.

하늘이 붉어지기 시작했다. 태양도 오늘 하루를 마치려는지 산 너머로 들어갈 채비를 하고 있었다. 나는 그 여자분에게 다시 가서 내일 이곳을 떠난다고 마지막 인사를 했다. 그리고 반짝반짝 빛나는 양숴 풍경을 뒤로 한 채 산에서 내려왔다.

숙소로 가는 길은 모든 것이 끝나버린 듯 지나치게 깜깜했다. 이렇게 마지막 하루가 끝나는구나 하고 생각한 순간, 가로등 하나 없는 길에 아른거리는 빛이 쏟아졌다. 저 멀리 산 사이로 커다란 보름달이 슬며시 떠오르고 있었다.

현지 사람들이 사랑하는
양쉬의 장소

양쉬 공원(阳朔公园)

양쉬 시내에 있는 공원으로 1915년에 지어졌다. 당시에는 서우양산(寿阳山) 옆에 있다고 하여 서우양 공원(寿阳公园)이라 불렸는데, 1934년 확장 공사를 하면서 양쉬 공원이라 부르기 시작했다. 공원에는 관광객보다 여가와 관광을 즐기러 나온 현지 사람들이 많다. 별다를 것 없는 일상적인 풍경이 오래된 나무들과 어우러진 모습이 아름다운 곳이다.

주소 桂林市阳朔县城内碧莲峰东麓叠翠路
매일 24시간 개방

양쉬 TV탑(阳朔电视塔)

머물렀던 숙소의 주인 부부가 추천해준 곳이다. 꼭대기에 TV탑이 있는 산이라 현지 사람들은 이곳을 양쉬 TV탑이라고 부른다. 시장 옆에 난 좁다란 골목 톈마샹(天马巷)을 따라 쭉 올라가면 마을이 나온다. 길을 따라 올라가다 보면 종종 TV탑 방향이라고 빨간색으로 표시가 되어 있는데, 그 표시를 따라 걷다 보면 산의 입구가 나온다. 가파른 경사에 있는 마을이기 때문에 자전거를 끌고 왔다면 시장 앞에 세워두고 올라가는 것이 좋다.

천천히 걸어 1시간 정도 올라가면 산의 가장 높은 곳에 도착할 수 있다. 정상에 도착하면 자그마한 철문이 있는데, 이곳에서 수위 아저씨에게 5위안을 내면 가장 높은 곳으로 들어갈 수 있게 문을 열어준다. 그곳에서는 올라올 때 보이지 않던 산 너머의 풍경까지 시원하게 보인다. 특히 일출과 일몰 무렵에 더 아름답다.

싱핑

Photo

Essay

양쉬 시내에서 차를 타고 한 시간 반 정도 가면 싱핑(兴坪)이라는 작고 고즈넉한 마을이 있다. 눈 돌리는 곳마다 아름다워 사진가들이 사랑하는 곳이자, 중국의 20위안 지폐에 그려진 풍경으로도 유명한 곳이다.

싱핑에서는 모든 시간의 빛깔이 아름다워 하루 종일 걸어도 즐거웠다. 새벽의 서늘하고 검푸른 하늘도, 아침의 싱그러운 초록빛 강물도, 해 질 무렵 구멍가게에 드리운 노을빛도, 깜깜한 밤하늘에서 쏟아질 것 같던 새하얀 별까지 여전히 생생하게 기억이 난다. 이곳의 아름다움은 글 대신 사진으로 전해본다.

3

그곳에 사는 사람들
Local People

우이산
武夷山

일상다반사
우이산(武夷山)

시작은 '우이산에 가서 차(茶)를 마시고 싶다'는 막연한 바람이었다. 하지만 우이산에 간다고 차가 하늘에서 뚝 떨어지는 것도 아니니 막막하기만 했다. 그러던 중 뜻밖에 우이산에서 찻집을 하는 친구를 소개받았다.

떨리는 마음으로 낯선 친구에게 연락을 했다. 우이산에서 반드시 해야 할 일을 설명해주던 친구가 나에게 무얼 하고 싶느냐고 물었다. 너와 함께 차만 마실 수 있다면 그것으로 충분하다는 내 말에 친구는 이렇게 답장해왔다.

"그거야 어렵지 않지."

복작거리는 일상에서 잠시 벗어나 차를 마실 줄 알았는데, 우이산에서 차를 마시면서 낯선 친구의 일상을 고스란히 만났다. 더 좋은 차를 만들기 위해 치열하게 노력하는 친구의 일터에서, 호젓한 산사의 관리 사무실에서, 다구를 파는 또 다른 친구의 가게 한 편에서 차를 마셨다. 새로운 누군가를 만나서 인사를 건네고 나면 자연스럽게 주전자에서 물이 끓었고, 이야기가 오갈 때마다 찻잔이 오르내렸다.

특별한 휴식처럼, 복잡한 학문처럼 어렵기만 하던 차였는데 친구의 일상을 여행하며 차를 마시다 보니 사람을 만나면 인사를 나누는 것처럼 차가 자연스럽게 느껴졌다. 몇 차례를 우려내도 우직하게 향기로운 우이산의 차 내음처럼 이런 하루들이 오래오래 계속되었으면 했다. 그래서 여행이 끝나고 난 뒤에도 나의 일상에 복잡한 마음을 덜어주는 심호흡 같은, 자연스레 나오는 안부 인사를 닮은 차를 들여놓고 싶어졌다.

여행 시기 2017년 11월
여행 기간 4일
여행 방법 혼자서 / 자유 여행
중국어 가능 정도 중국어로 기초적인 의사소통 가능

포장하지 않아도 멋진 선물

우이산에서 찻집을 하는 샤오차(小茶)

샤먼에서 바닷가를 따라 한참 걷고 있는데, 택배 기사에게 전화가 왔다. 며칠 전 주문한 화장품 세트가 도착한 모양이었다. 얼른 숙소로 돌아가서 택배를 받았다. 박스를 여니 단정하게 포장된 화장품 세트가 들어 있었다. 회사를 다닐 때는 명절마다 받는 선물이라 귀한 줄 몰랐는데, 이틀 치 숙박비와 맞먹는 돈을 주고 샀다고 생각하니 손이 덜덜 떨렸다.

들어오는 돈은 없는데 여행비 통장 잔고가 쑥쑥 줄어드는 걸 보는 것만큼 괴로운 일도 없었다. 더 많은 경험을 해보려고 시작한 여행이었는데, 시간이 지날수록 조금이라도 덜 쓰고, 가격을 깎는 데 혈안이 되어 있었다. 그런데 생전 처음 보는 사람에게 줄 선물을 산다며 큰돈을 덜컥 써버리다니. 마음이 한껏 복잡해지고 말았다.

하지만 샤먼 찻집에서 만난 첸(钱) 선생님이 소개해준 분을 만나기로 했는데 차마 빈손으로 갈 수는 없었다. 고마움을 전하고 예의를 차리고 싶기도 했지만, 무엇보다 우이산에서 가장 좋은 찻집을 하는 분을 만나러 가는데 초라해 보이고 싶지 않았다. 변변한 직업 없이 지낸다는 소개를 할 때마다 위축되는 마음이 이 선물을 건넬 때만큼은 쪼그라들지 않았으면 했다.

산골 마을일 줄 알았던 우이산에는 깔끔한 펜션과 호텔이 가득했다. 도착한 곳은 단아하고 고즈넉한 호텔이었다. 호텔 로비에서 주위를 두리번거리고 있는데 키가 크고 안경을 쓴 여자분이 경쾌한 목소리로 인사를 하며 성큼성큼 걸어 들어왔다.

"안녕하세요? 샤오차라고 해요. 호텔 어때요? 차(茶)에 관한 잡지를 만드는 분이 운영하는 곳이라 좋아하실 것 같아서 추천해드렸는데. 참, 제가 여기 사장님 소개해 드릴게요. 들어갈까요?"

내가 어눌한 발음으로 인사를 건네고 어버버하는 사이, 샤오차는 아주 자연스럽게 내 손을 잡고 차 마시는 공간으로 걸어 들어갔다. 얼마 지나지 않아, 다도 의상을 말끔하게 차려입은 직원과 호텔 사장님이 반갑게 인사하며 들어와 자리에 앉았다.

내가 간단히 자기소개를 마치자 사장님이 나에게 차와 관련된 일을 하느냐고 물었다. 나는 손을 내저으며, 차 마시는 걸 좋아하는데 유럽 브랜드 홍차만 마셔봐서, 중국 차를 알아가고 싶은 마음에 오게 되었다고 했다. 사장님이 빙그레 웃으며 말했다.

"그래요, 우리 차 마실까요?"

사장님 옆에 앉아 있던 여자분이 물을 끓이고 차를 우렸다. 바짝 긴장을 한 내가 자세를 고쳐 앉자 사장님이 너털웃음을 지으며 말했다.

"한국에서 왔다고 했죠? 차를 마신다고 하니까 허리를 펴고 자세를 가다듬는 걸 보니 정말 그렇네요. 한국, 중국, 일본의 차 문화가 모두 다르거든요. 말하자면 이렇습니다. 차를 마실 때, 한국은 예의를 중시하고, 일본은 의식을 중시하고, 중국은 삶 속에 녹아드는 문화로서 차를 중요하게 생각합니다. 여긴 중국이니 편히 드세요."

사장님 옆에 앉아 있던 여자분이 차를 잔에 따라 건네주었다. 앉아 있던 모든 사람이 차를 입에 넣고 '스읍-스읍-' 하는 소리를 내며 차를 마셨다. 면 치기를 할 때나 들리던 소리에 깜짝 놀라 두리번거리다 나도 차를 한 모금 마셨다. 우이산에서의 첫차는 뿌옇게 낀 안개처럼 은은하게 향기롭고, 달큰했다.

간단히 차를 마시고 나서, 자리를 정리할 때 샤오차에게 달려가 선물을 건넸다. 샤오차는 슬쩍 보더니 활짝 웃으며 고맙다고 했다. 그러고는 함께 저녁을 먹고 자기네 회사에 가자고 했다.

샤오차는 예전에 쓰촨성 청두에서 일을 하다가, 몇 년 전에 어렸을 때 살던 우이산으로 돌아와서 차를 팔기 시작했다고 한다. 알고 보니 샤오차와 나는 동갑이었다. 이야기를 하다 보니 한없이 어렵게만 느껴지던 샤오차가 친구처럼 느껴졌다. 말을 참 재밌고 유쾌하게 한다고 했더니, 샤오차가 나를 보고 시원시원한 미소를 지으며 말했다.

"물건을 파는 사람이라서 어쩔 수가 없나 봐."

샤오차네 회사에 도착했다. 1층에 자그마한 문을 열고 들어가자 따뜻한 온기와 함께 달콤하면서도 묵직한 차향이 온몸을 감쌌다. 창문 하나 없는 그 방에는 찻잎들이 동그란 바구니에 담겨 켜켜이 쌓여 있었다. 다시 문을 열고 나와 2층 사무실로 올라가니 직원들이 한창 포장을 하고 있었다. 우이산에서 제일가는 차를 파는 회사라고 해서 마냥 크고 화려할 줄 알았는데, 늦은 밤에도 일하느라 정신없는 평범한 작업소였다.

사무실 식구들과 간단히 인사를 나눴다. 이번에도 차를 마시자고 했고, 사무실 안에 있던 사람들이 모두 조그마한 테이블에 옹기종기 둘러앉았다. 그런데 우아한 차실에서 아름다운 잔에 따라 차를 마실 때와는 완전히 달랐다. 샤오차가 차를 우려내어 처음 우린 차, 두 번째, 세 번째 우린 차를 각각 따랐다. 그러자 사람들이 담가 두었던 티스푼의 냄새를 킁킁 맡고, 차의 빛깔을 관찰하고, '스읍– 스읍–' 하는 소리를 내며 마셨다.

다른 차를 한 번 더 마신 후에는 실험실 같던 사무실이 갑자기 열띤 토론장으로 바뀌었다. 그 사이 이웃집에서 젊은 부부가 갓난아기를 안고 사무실로 들어와 함께 차를 마시며 토론에 합류했다. 사람들은 아기가 옹알이를 할 때마다 까르르 웃으면서도, 차에 대한 이야기를 할 때는 진중하게 묻고 답했다. 내가 그 모습을 가만히 바라보자, 새로운 차가 나올 때마다 이웃 상인들이 함께 모여 차를 마시고 토론하는 것이 이곳의 일상이라고 샤오차가 말했다.

"샤오차, 나 궁금한 게 하나 있어. 차 마실 때, 왜 스읍-스읍- 소리 내면서 마시는 거야?"

샤오차가 놀라서 나를 물끄러미 보다가 부끄러운 듯 웃으며 말했다.

"난 이게 습관이 돼서 내가 그러는 줄 몰랐어. 그렇게 마시면 입안에 차가 골고루 퍼져서 맛을 더 잘 평가할 수 있거든. 너는 그렇게 하지 마. 우아하게 소리 내지 말고 마셔."

"근데 나는 네가 그 소리 내면서 마실 때, 그렇게 멋지더라."

밤이 깊도록 떠들썩하게 차를 마시고 난 후, 자리에서 일어났다. 차를 타고 호텔로 돌아가는데 샤오차가 이제 곧 차 박람회 기간이라 일이 많아 정신이 없다는 말을 툭 던졌다. 일도 많이 바빴을 텐데 오늘 이렇게 함께 다녀줘서 고맙다고 하자 샤오차가 "난 매일 이렇게 살아. 특별할 것 없는 하루에 너를 데리고 갔던 것뿐인데, 뭘.”이라며 씩 웃었다.

그 순간, 하루 종일 낯선 사람들을 만나느라 몸과 마음에 바짝 들어갔던 힘이 탁하고 풀렸다. 그 어떤 날보다 오늘을 또렷이 기억할 수 있을 것만 같았는데. 굳이 무언가를 보여주려 하지 않는, 꾸밈없는 일상이 이토록 특별하고 매력적일 줄은 몰랐다. 나는 그렇게 무언가를 숨기고 싶어 선물을 줬는데, 샤오차에게 솔직하고 단단한 일상을 고스란히 선물 받은 기분이었다. 귀한 순간들로 가득했던 우이산의 첫날이 그렇게 저물었다.

죽기 전에 가야 하는 곳과 나만 아는 곳

톈유펑(天游峰, 천유봉)과 인샹 다훙파오(印象大红袍, 인상대홍포)

여행서를 고르는 취향에 대해 친구와 이야기한 적이 있다. 사람 만나는 걸 좋아하고, 왁자지껄한 분위기를 좋아하는 친구는 표지에 '죽기 전에 꼭 가야 하는 곳', '반드시 가봐야 한다'고 써 있는 책을 고른다고 했다. 잔뜩 들뜬 여행자들이 북적거리는 곳에 있는 상상만 해도 저절로 즐거워진다면서.

그러면서 친구는 '아무도 모르는', '나만 아는'이라 쓰여 있는 곳은 말 그대로 아무도 안 가는 곳이라며 가급적 피해야 한다고 했다. 그 말을 듣다가 나는 웃음이 터져 버리고 말았다. 하필이면 전날 서점에서 산 여행서 표지에 '당신이 몰랐던'이라는 문구가 대문짝만하게 쓰여 있었기 때문이다.

나는 친구와 정반대였다. 죽기 전에 가봐야 한다고 모두가 소리 높여 외치는 곳은 괜히 가고 싶지 않았다. 수명과 불안을 볼모 삼아 기대감을 안겨주는 말들이 왠지 의심스러웠다. 반면에 아무도 모르거나, 숨겨져 있는 곳이라고 소개하는 곳은 은밀하고 조심스러워서 좋았다. 찾아간 곳이 마음에 들면 대단한 발견이라도 한 것처럼 기뻤고, 실망스러울 땐 '역시 안 알려진 데는 이유가 있다'며 넘기면 그만이었으니까.

힘이 잔뜩 들어가 있는 문구에 심드렁해지니, 그런 말로 소개하는 장소나 활동까지 시시해 보였다. 그래서 꽤 오랫동안 '반드시' 해야 하는 일, '꼭' 가봐야 할 곳은 덮어 두고 보지 않았다. 그런데 오랜만에 우이산에서 그 문구를 다시 만났다.

우이산에 오면 '반드시 해야 하는 3가지'가 있다고 했다. 아침에 톈유펑에 올라 구름바다(云海)를 구경하고, 오후에 주취시(九曲溪, 구곡계)에서 대나무 배를 타며 산세를 즐기고, 저녁에 뮤지컬 〈인샹 다홍파오〉를 보는 것. 어차피 차 마시는 것 외에는 별다른 계획이 없었던 나는 속는 셈 치고 꼭 해야 할 일들을 한 번 해보기로 했다.

애초에 심드렁하게 시작해서였을까, 뜻밖에 좋은 점들이 많았다. 산에 갈 때면 비포장도로를 달리느라 힘들 때가 많았는데, 톈유펑에 갈 때는 입구에서 꼬마 기차를 타고 가면 되니 쾌적했다. 정상에서 본 풍경은 못 보고 죽었으면 후회했을 절경은 아니었지만, 남녀노소가 줄을 서서 서로 힘을 내자며 웃으면서 오르는 산길은 외롭지 않아 좋았다.

쌀쌀한 밤에 야외에서 펼쳐지는 뮤지컬, 〈인샹 다홍파오〉는 동양 특유의 화려함을 느낄 수 있어 좋았다. 관객석이 빙글빙글 돌아 새로운 무대가 나타날 때는 놀이공원에 놀러 온 것 같았고, 대나무 숲에서 무술을 하는 장면을 볼 때는 무협지 안으로 순간 이동을 한 기분이었다. 산등성이에 층층이 자리한 차밭에 사람들이 서서 동그란 차 바구니를 휙휙 돌리며 군무를 할 때는 입이 떡 벌어지기도 했다.

우이산에서 '반드시 해야 하는 일'을 하다 보니, '나만 몰랐던' 것들이 새롭게 보였다. 그곳에는 사람들이 붙여 놓은 수식어를 모두 뗀 톈유펑과 뮤지컬 〈인샹 다홍파오〉만이 있었다. 이번엔 내가 직접 형용사를 붙여보았다. 담백한 풍경의 톈유펑을 오를 때는 부푼 기대감과 즐거운 북적거림으로 심심할 틈이 없다. 쌀쌀한 밤바람을 맞으며 보는 뮤지컬은 은은하면서도 화려한 우이산만의 특색이 연기자와 무대를 통해 살아 움직이는 듯 재미있다.

내가 새롭게 쓴 감상은 어쩐지 나를 닮은 것 같다. 이제야 알겠다. 여행서의 문구들은 나를 그곳으로 데려다줄 뿐, 목적지에 도착하면 내가 붙이는 형용사들로 그 여행지의 이미지가 다시 쓰인다는 걸. 그리고 누군가 힘을 주어 가보라고 외친 그곳은 한 번쯤 가 볼만한 곳이라는 걸.

우이산에서
반드시 해야 할 3가지

1. 톈유펑에 올라 안개 낀 풍경 감상하기

톈유펑(천유봉)은 바위로 된 산봉우리로 우이산에서 가장 아름다운 경치를 볼 수 있는 곳으로 유명하다. 부처님이 하늘 궁전에서 노니는 듯한 풍경이라 하여 톈유펑(天游峰)이라는 이름이 붙었다.

408m 정도 되는 바위산을 가파른 돌계단을 따라 올라가면 정상에 이를 수 있다. 숨이 가쁘기는 하지만 의지만 있다면 남녀노소 누구든지 오를 수 있다. 정상에 오르면 산을 둥글게 감싸 굽이 흐르는 주취시를 볼 수 있다. 아주 놀랍거나 어마어마한 풍경은 아니지만 은은한 차처럼 운치 있고 아름다운 곳이다.

2. 주취시에서 대나무배 타기

산을 감싸고 아홉 번을 굽이 흐르는 계곡이라 하여 주취시(구곡계)라 불린다. 대나무 배를 타고 굽이마다 달라지는 풍경을 호젓하게 즐기는 것도 우이산에서 꼭 해봐야 할 일 중 하나로 꼽힌다. 보통 한배에 여섯 명씩 타며, 가격은 인당 100위안이다.

3. 〈인상 다홍파오〉 뮤지컬 보기

우이산의 명차인 다홍파오의 역사, 재배 과정을 우이산 실제 풍경을 무대 삼아 야외에서 펼쳐내는 뮤지컬이다. 장이머우(张艺谋) 감독이 연출한 인상 시리즈 중 하나로 현지 사람들이 배우로 출연하는 것이 특징이다.

직접 설치한 무대뿐만 아니라 톈유펑, 계곡 위에서도 공연이 펼쳐지는데, 관객석이 360도 돌아가면서 볼거리가 시시각각 쏟아지니 눈이 쉴 틈 없이 즐겁다. 관객 참여형 뮤지컬이라 마지막에는 다홍파오도 마실 수 있고, 함께 산을 바라보며 대사를 외치기도 한다. 중국어를 모르고 보더라도 충분히 즐겁게 볼 수 있다.

주소　　南平市武夷山市大王峰路中华武夷茶博园
개방 시간　(2019년 기준) 1회차 19:30, 2회차 20:50
입장료　　보통석 238위안, 귀빈석 298위안, VIP석 688위안

차 내음이 나던 하루

우이옌차(武夷岩茶, 무이암차)와 차밭

오늘은 다홍파오(大红袍, 대홍포) 모수[14]를 보러 가기로 했다. 다홍파오 차나무가 어떻게 생긴 것인지 너무나도 궁금했던 나에게는 일정의 하이라이트나 다름없었다. 한낱 차나무가 왜 그렇게 보고 싶었냐 하면, 다홍파오는 중국차 중에서도 귀하기로 유명하기 때문이다.

다홍파오에 얽힌 유명한 일화가 하나 있다. 냉전체제로 소련과 미국이 대립하던 1970년대에 있었던 일이다. 미국의 닉슨 대통령이 세계 평화를 논하기 위해 소련과 같은 공산주의 국가이자 세계 인구의 큰 비중을 차지하는 중국을 방문했다.

당시 국가 주석이었던 마오쩌둥(毛泽东, 모택동)은 닉슨에게 다홍파오 200그램을 선물했다. 닉슨 대통령이 비서에게 선물이 너무 박하다는 불평을 했는데, 이를 전해 들은 저우언라이(周恩来,

14　종자나 묘목 따위를 얻으려고 기르는 나무

주은래) 수상이 다홍파오가 1년에 400그램 정도만 생산되는 차임을 설명하며 이렇게 말했다.

"마오쩌둥 주석은 이미 당신께 천하의 절반(半壁江山)을 드렸습니다."

귀한 다홍파오를 보러 갈 생각에 한껏 설렜다. 한창 나갈 준비하는데, 샤오차에게 오늘은 뭐할 거냐는 연락이 왔다. 내가 다홍파오 모수를 보러 갈 거라고 했더니, 그럼 오후에 만나서 그 근처에서 차를 마시자고 했다. 바쁘면 오지 않아도 된다며 한사코 말렸는데, 샤오차는 일을 마치고 갈 테니 우선 혼자 놀고 있으라고 했다.

꼬마 기차를 타고 도착한 곳에는 커다란 바위 절벽들이 병풍처럼 겹겹이 펼쳐져 있었다. 바위 사이로 난 좁은 땅에는 키 작은 나무들이 가득했다. 뽀얗게 안개가 내려앉은 길을 따라 걸어가니 웬 바위 앞에 사람들이 웅성거리며 모여 있었다.

검고 커다란 바위에 빨간 글씨로 '大红袍(다홍파오)'라고 쓰여 있었다. 안전한 곳에 고이 모셔져 있을 줄 알았던 다홍파오는 커다란 바위 절벽에 얹힌 한 줌 흙을 딛고 위태롭게 자라고 있었다. 저런 곳에서도 나무가 자랄 수 있나 싶어 한동안 멍하니 쳐다보았다.

다홍파오 나무 앞에는 간식거리를 파는 작은 노점이 하나 있었다. 다홍파오 모수 앞에서 파는 차예단(茶叶蛋, 간장에 찻잎을 넣어 푹 삶아낸 계란)이 정말 맛있으니 꼭 먹어보라던 샤오차의 말이 생각나서 하나 샀다. 간장에 푹 절여진 계란이 너무 짤 것 같아 머뭇거리다가 입안에 쏙 넣었다. 처음에는 별다를 것 없는 간장맛이었는데 다 먹고 난 후에 느껴지는 묘한 감칠 맛이 기가 막혔다.

그때, 샤오차에게 연락이 왔다. 벌써 근처에 있는 사원에 도착했다길래 내가 그리로 가겠다고 했는데, 샤오차는 걸어오려면 한참이니 차를 타고 나를 데리러 오겠다고 했다. 함께 차를 타고 도착한 곳은 한적하고 고즈넉한 사원이었다. 조금 전까지 들리지 않던 새소리도, 자박자박 자갈이 밟히는 소리도 귀에 들어왔다.

알고 보니, 이 사원은 유명한 설화가 전해 내려오는 곳이었다. 옛날 옛적, 한 서생이 과거 시험을 보러 가는 중이었다. 우이산을 지나가는데, 서생의 안색이 갑자기 창백해지고 배가 부풀어 올랐다. 결국 길에 쓰러지고 만 서생을 이 사원의 주지 스님이 우연히 발견했다. 스님은 그를 절로 데리고 와서 차를 마시게 했다. 그러자 서생의 병이 씻은 듯이 나았다.

덕분에 서생은 무사히 과거 시험을 치를 수 있었고, 장원급제를 하여 황제의 총애를 받게 되었다. 그러던 어느 날, 황후가 서생이 우이산에서 걸렸던 그 병을 똑같이 앓게 되었다. 서생은 우이산의 차를 구해 황후에게 마시게 했고, 황후의 병 역시 말끔하게 나았다. 이에 감동한 황제가 차나무에 붉은 용포를 하사했는데, 이를 계기로 이 차에 다흥파오(大红袍)라는 이름이 붙었다.

샤오차가 나를 데리고 간 절이 바로 이 설화의 배경이 되는 사원, 톈신쓰(天心寺)다. 샤오차는 나를 데리고 톈신쓰 한편에 있는 건물 2층으로 올라갔다. 어떤 방으로 들어가니, 큰 테이블에 남자 두 분이 둘러앉아 차를 마시고 있었다. 한 분은 사원에 오는 외부 손님들을 관리하는 분, 다른 한 분은 우이산에서 한국 음식점을 하는 친구였다.

샤오차가 앉아서 차를 우렸다. '또르르르' 하고 차가 주전자에서 떨어지는 소리와 친구들이 도란도란 이야기하는 소리가 퍽 잘 어울렸다. 창밖으로 뽀얀 안개가 낀 푸른 숲이 보였다. 호젓한 경치를 보느라 차 마시려던 것을 깜빡 잊으려던 찰나, 찻잔에서 피어오른 김이 안개처럼 피어올라 눈을 가렸다.

꽃향기가 도는 차가 목구멍을 넘나들고, 찻잔이 끊임없이 오르내릴 때마다 유쾌한 웃음들도 함께 오갔다. 한국식 삼겹살 집을 하는 친구가 나에게 한국에서는 어떻게 쌈을 싸 먹냐고 물었다. 나는 찻잔 대신 손을 쌈 싸듯 오므리고 고기 두 점, 마늘 두 쪽, 쌈장 약간, 그리고 밥을 넣는다며 설명을 했다. 진지하게 듣던 친구가 쌈에 밥을 넣는다는 말에 혼란스러워하며 머리를 쥐어뜬을 때는 모두가 와하하 웃었다.

서서히 어둠이 깔리기 시작하자 샤오차가 나를 데리고 밖으로 나갔다. 사원 안에 들어가서 향을 피우고 기도를 드린 후, 샤오차는 절 뒤쪽에 있는 샛길로 앞장서서 걸어갔다. 우뚝 서 있는 탑과 나무로 만든 건물을 지나 나무가 우거진 오솔길로 들어갔다.

그곳에는 차밭이 있었다. 신선이 남몰래 일궈놓은 밭을 몰래 훔쳐보는 듯 가슴이 두근거렸다. 높다란 바위를 호위무사처럼 양옆에 두고 키 작은 나무들이 무럭무럭 자라고 있었다. 해가 져서 검푸르게 변한 빛과 슬며시 낀 안개 때문인지 그곳에는 신비로운 분위기가 감돌았다.

찻잎을 딸 때가 되면 차 상태를 보기 위해 일 년에 몇 번씩 이곳에 온다는 말과 함께 샤오차가 바위를 가리켰다. 저 바위들이 햇빛을 가려주고 차나무들이 잘 자랄 수 있는 환경을 만들어준다고 했다. 이런 환경이 갖추어진 곳이 아주 드물기 때문에 찻잎의 가치가 하늘 높은 줄 모르고 올라간단다.

우이옌차(무이암차), 특히 다홍파오는 너무 비싸기 때문에 다른 차와 달리 1그램 단위로 가격을 부른다고 했다. 얼마냐고 물었더니 1그램에 8,000위안 정도(한화 약 130만원) 한다는 말에 뒷골이 당기면서 입이 딱 벌어졌다.

차를 한 번 우릴 때 5그램 정도가 필요하니까, 그 가격을 보통 사람이 상상이나 할 수 있겠냐며 샤오차가 웃었다. 결국 차의 가격을 결정하는 건 엄청난 부자들인 데다, 문화적 수준도 높기 때문에 그들을 만족시키는 상품을 만들기 위해서는 끊임없이 고미술, 서예, 고대 문학 같은 것에 감각을 깨우고, 공부해야 한다고 했다.

이야기를 들을수록 상상도 못 했던 세계인 것만 같아 아찔하면서도, 더 알고 싶은 마음이 요동쳤다. 그러다가 샤오차를 소개해준 첸 선생님이 나에게 우려주었던 다홍파오를 생각하니, 도대체 그때 무슨 말을 하고, 뭘 마신 건가 싶어 소름이 끼쳤다.

"샤오차, 나도 차를 너무너무 알고 싶은데 어떻게 공부를 시작해야 할까?"

샤오차가 말했다.

"차의 모든 것을 공부하겠다고 마음먹으면 시작하기 힘들어. 책을 보고 공부할 수도 있겠지만 책에 나온 내용이 다 맞는 것도 아니더라고. 중요한 건, 차를 일단 이것저것 마셔보면서 자기한테 맞는 차를 찾는 거야. 그다음에 그 차가 어떤 환경에서 나고, 어떻게 마셔야 하는지, 그리고 어떤 차가 귀한 건지 하나하나 알아가는 게 좋을 것 같아."

내가 우이산에 올 때만 해도 나도 차를 사볼까 생각했는데, 가격을 듣자마자 포기했다며 웃자 샤오차가 꼭 비싼 차가 아니더라도, 가볍게 시작할 수 있는 좋은 차가 많으니 마셔보라고 했다.

그날 저녁, 시내에 있는 샤오차 친구네 가게와 집을 오가며 차를 마셨다. 한 친구는 다구 가게를 했고, 어떤 친구는 민박집을 했다. 친구들은 우리 둘이 들어갈 때마다 환하게 웃으며 찻물을 올렸고, 가만 앉아 찻잔을 홀짝이며 서로의 일상을 이야기했다. 그러다 다른 손님들이 들어오자 우리는 조심스레 인사를 하고 자리를 떴다.

마지막에 만난 친구는 샤오차의 소꿉친구였는데, 역시 차를 판다고 했다. 그 친구도 우리가 도착하자마자 주전자에 물을 끓이고 차를 우렸다. 이야기가 끊이지 않는 밤이었다. 샤오차와 친구는 친구네 가게에서 새로 나온 차의 맛에 대해 토론을 하다가, 상하이에 새로 연 멋진 찻집 공간의 아름다움에 대해서도, 한국과 일본에서 유명한 다구 예술가에 대해서도 이야기를 나눴다.

쏟아지는 주제들과 함께 우리가 마신 차 봉지들이 차곡차곡 찻상 옆에 쌓였다. 모두 우이옌차였다. 이제는 차의 맛도 향도 더 세심하게 느껴보며 내가 좋아하는 걸 찾아보려 노력했는데, 어느 한 차가 기가 막혔다. 나이 많은 수선 품종 차나무에서 만들어진 차, 노총수선(老枞水仙)이었다.

첫 잔에서는 은은한 달콤함이 입안을 가득 감싸 기분을 좋게 만들더니, 두 번째 잔에는 예상치 못한 그윽하고 싱그러운 꽃향기에 눈이 번쩍 뜨였다. 뜨끈한 찻물이 목구멍을 넘어갈 때는 어깨에 힘이 툭 하고 풀어질 만큼 황홀한 감칠맛이 났는데, 그 맛을 놓치고 싶지 않아 자연스레 눈이 감겼다. 세 번째 잔에선 부드럽고 고소한 우유 향이 슬쩍 느껴지니 놀란 마음에 웃음이 났다. 하려던 말을 잊게 만들 정도로 사람을 홀리는 맛과 향이었다. 차의 향을 어떻게든 더 느껴보고 싶어 찻잔에 남은 잔향을 맡고 있었는데, 옆에 있던 샤오차가 참을 수 없다는 듯 탄성을 질렀다.

"으아아, 아무리 마셔도 이 느낌은 참을 수 없을 만큼 좋다니까."

묵직하면서도 화려한 차향에 취해 정신이 아득해질 때가 되어서야 우리는 자리를 파했다.

호텔로 돌아가는 차 안에서 샤오차에게 말했다.

"푸젠성(福建省, 복건성)에 막 도착했을 때, 일기장에 하고 싶은 일을 적었었어. 그중 하나가 우이산에서 차 마시는 거였거든. 요 며칠간 네 덕에 정말 좋은 차를 원 없이 마실 수 있어서 행복했어. 고마워. 다 네 덕분이야."

"고맙긴, 나도 덕분에 오랜만에 즐겁게 놀았는걸. 이것도 다 인연이잖아. 안 그래?"

아무도 없는 호텔 방으로 다시 돌아왔다. 우이산이 차로 유명하다니 그곳에서 차 한번 마셔보고 싶었을 뿐인데, 그 막연한 생각이 마법 같은 현실이 되어 나타난 것 같았다. 차 한 잔만 마셨어도 행복했을 텐데, 하루에도 몇 리터씩 귀한 차를 마셨다고 생각하니 며칠간의 일들이 비현실적으로 느껴졌다.

외출했던 사이 단정하게 정리된 침대에 다시 누웠다. 아까 마셨던 노총수선의 향이 몸에 배었는지 어디선가 부드럽고 은근한 꽃향기가 났다. 조금이라도 향을 더 맡고 싶어 고개를 이리저리 돌리며 킁킁거렸다. 어떻게든 붙잡고 싶은 황홀한 향도, 근사한 하루도 서서히 사라져갔다.

우이옌차가
귀하고 특별한 이유

우이옌차(武夷岩茶, 무이암차)는 중국 10대 명차 중에서도 최고로 꼽힌다. 우이산 중에서도 가장 좋은 차가 생산되는 70m² 정도의 지역을 정암차 구역이라 하는데, 이곳에서 생산되는 청차(우롱차)를 우이옌차라고 한다. 중국에서는 우이옌차를 다음과 같이 표현한다.

보통 우롱차가 소박한 집에서 곱게 기른 딸이라면
一般乌龙茶是小家碧玉,
우이옌차는 대갓집에서 자란 규수와 같다
而武夷岩茶却是大家闺秀

보통의 우롱차와 확연히 다른 우이옌차의 특별함은 하늘이 내린 환경 덕에 만들어졌다. 우이산의 평균 높이는 해발 600m 정도이며, 가장 높은 곳이 729m인데 중국 명차의 대부분이 이 정도의 해발고도에서 생산된다.

기후 역시 차나무가 자라기에 적합하다. 우이산의 날씨는 사계절이 비교적 뚜렷하며, 서리가 내리는 날이 적다. 그리고 연 평균 기온은 약 18도이며, 강우량은 1년에 2,000mm 정도로 풍부하다.

또한, 바위 암(岩)자가 들어가는 이름에서도 알 수 있듯이 우이옌차의 독특한 개성이 생긴 데는 바위의 역할이 크다. 우선, 정암차 구역에는 골짜기마다 안개가 자주 끼는데, 바위가 많은 탓에 한 번 안개가 생기면 쉽게 사라지지 않아 높은 습도를 오랫동안 유지할 수 있다.

또한, 바위산이라 흙의 양이 적기 때문에 뿌리를 깊게 내려야 하는 큰 나무보다 키 작은 관목들이 자라기에 좋다. 키가 작은 계수나무, 진달래, 창포, 난초 등이 많이 자라는 정암차 구역에는 항상 그윽한 꽃향기가 난다. 그러니 자연스럽게 찻잎에도 그 꽃 내음이 묻어나게 된 것이다.

4

실크로드
Silk Road

시안
西安

시대를 넘나드는 대서사시

시안(西安)

중국을 그렇게 드나들었으면서 여태 시안(西安)을 안 가봤느냐는 소리를 들을 때마다 매번 웃어넘겼다. 오랫동안 마음에 둔 곳이라서 그런지, 시안에 가기로 마음먹기는 오히려 쉽지 않았다. 다른 도시로는 별다른 준비 없이 잘도 떠났지만, 시안만큼은 단단히 준비를 한 후에 가고 싶었다. '이 정도면 됐다' 싶을 만큼 공부한 다음에 가고 싶었는데, 그런 날은 오지 않았다. 결국 마음의 준비가 채 끝나기도 전에 시안에 도착하고 말았다.

과연 13개 왕조의 대서사시를 품은 도시다웠다. 어느 곳에 가도 이야기가 우수수 쏟아졌고, 그 이야기를 들으려면 매번 시대를 넘나들어야 했다. 마치 시간여행을 하듯, 시안을 여행했다. 어떤 날엔 당(唐)나라 때 지은 탑을, 어떤 날엔 진(秦)나라에서 온 흙빛 대군을 만났다. 명(明)나라 때 지은 성벽을 매일 같이 드나들었고, 청(淸)나라 때 만들었다는 그림자 인형을 구경 가기도 했다.

길고 긴 이야기에는 지루한 부분이 있기 마련인데, 시안이 들려주는 이야기는 매 순간이 흥미로웠다. 아쉬운 것이라곤 수많은 이야기를 감당하지 못하는 나의 부족한 지식과 체력뿐이었다. 도시를 샅샅이 보고 난 후에 떠나려고 했는데, 그렇게 마음먹으면 영영 돌아가지 못할 것만 같아 포기했다. 시안을 떠나던 날, 이런 생각을 했다. 나의 시안 여행은 이제 시작이라고.

여행 시기 2019년 5월
여행 기간 20일
여행 방법 혼자서 / 자유 여행
중국어 가능 정도 중국어로 웬만한 의사소통 가능

성벽을 넘나드는 사람들

시안 성벽(西安城墙)

차창 밖에 잿빛 성벽이 나타났다. 창문에 바짝 몸을 붙이고 견고하게 만들어진 성벽을 멍하니 쳐다보았다. 버스가 덜컹거리며 좌회전을 하자, 버스 안에 있던 사람들의 몸이 일제히 오른쪽으로 기울어졌다. 커다란 성문이 코앞까지 다가오더니 버스를 집어삼켰다. 시공간이라도 넘나드는 듯 목 뒤가 시큰해지더니 심장이 두근거리기 시작했다.

눈을 떠 보니 골목이 촘촘하게 자리 잡은 오래된 동네였다. 아름드리나무가 바람에 살랑거렸고, 나무 아래로 사람들이 바삐 돌아다니고 있었다. 나뭇잎 사이로 햇빛이 반짝거리며 쏟아지자 거리가 환하게 웃는 것만 같았다.

창밖에서 눈을 떼니 보통 날의 버스였다. 버스 안 사람들은 매일 보는 풍경이라 그런지 시큰둥하게 앉아 있었다. 매일매일 성벽을 들락거리며 살아가는 사람들이라니. '역사가 살아 숨 쉬는 천년 고도'에 도착했다는 것이 그제야 실감 났다.

도시를 네모나게 감싸고 있는 시안 성벽은 수(隋)와 당(唐) 때 축조된 성을 토대로 명(明)나라를 세운 황제 주원장(朱元璋)이 1370년부터 1378년까지 고치고 새로 쌓아 만든 것이다. 높이 12m, 아래쪽 폭 15~18m, 위쪽 폭 12~14m, 총 둘레 13.7km에 달하는 이 거대한 성벽은 현재 중국에서 가장 크고 비교적 온전하게 보전된 고대 성곽으로 꼽힌다.

　600년 넘는 역사를 지닌 이 성벽에는 삼엄한 경비를 하는 파수꾼 대신 평범한 일상을 보내는 시안 사람들이 지나다닌다. 성은 동화 속에나 있는 것이라고, 옛날 옛적에 있었던 건축물이라고 생각해 온 탓일까. 멀리서만 보아도 신기할 성벽을 버스에 탄 채 드나들고, 곁에 두고 걸을 수 있다는 사실이 거짓말처럼 느껴졌다.

　시간이 지나면 이런 풍경도 익숙해질 줄 알았는데, 성벽을 마주할 때마다 이 도시에 막 도착한 풋내기 티를 내며 설레어 했다. 커다란 강아지를 데리고 성벽 길을 산책하는 사람들을 볼 때면, 가로등이 어스름하게 빛나는 깜깜한 밤에 성벽을 바라보며 술잔을 기울이는 사람들을 볼 때면, 성문 앞에서 흥겨운 노래를 틀어놓고 춤을 추는 사람들을 볼 때면 심장이 둥실 떠오르는 것 같았다.

　시안에 있는 동안은 나도 그 특별한 풍경 안에 슬며시 들어가 보려 무던히 애썼다. 그래서 지름길 대신 일부러 성벽 길로 방향을 틀어 가거나, 버스에서 내려 걸어서 성문을 지나는 날이 많았다.

화창한 날에는 자전거를 타고 성벽 위를 씽씽 달려보기도 했다. 높다란 성벽 위에서는 시장에 왁자지껄하게 모인 사람들도, 저 멀리에서 장바구니를 들고 걸어가는 아주머니도, 성벽을 배경 삼아 결혼사진을 찍는 예비부부도 훤히 내려다보였다. 자전거를 타고 한참을 달리다 커다란 성문부터 시내 중심까지 시원하게 뻗은 대로라도 보이면 가슴이 뻥 뚫리는 것 같았다.

성벽 위에는 일상의 모습이 없을 줄 알았는데 아니었다. 성벽 위에도 꼬마와 함께 저녁 산책을 나온 할아버지가, 땀을 뻘뻘 흘리며 조깅을 하는 아저씨가 심심찮게 지나다녔다. 해 질 무렵마다 성벽을 오르는 건 어떤 기분일지 가만히 상상해봤다. 아무리 생각해도 시안에서 성벽은 매일 그 자리에 있는 일상의 풍경이다.

'역사가 살아 숨 쉬는 도시'라는 말을 이제는 온전히 이해할 수 있을 것 같다. 과거로부터 온 유산을 오래된 벗처럼 자연스럽게 만나고, 소중히 여기며 살아가는 곳에만 허락되는 그 말을. 아마 시안에서는 이런 말이 아무렇지도 않게 오갈 것 같다.

"오늘 다섯 시에 성벽 남문에서 만나. 해 지기 전에 성벽 산책하자."

혼자서는 감당 못 할 인심

시안 음식(西安小吃, 시안 샤오츠)

시안에 도착한 첫날, 무거운 캐리어를 낑낑거리며 옮기고 짐 정리를 하고 나니 어느새 저녁이었다. 침대에서 꼼짝 않고 누워 있고 싶었는데, 배가 고픈 걸 참을 수가 없었다. 간단히 끼니를 때우고 오려고 주섬주섬 옷을 챙겨 입었다. 조용히 나가서 후다닥 먹고 오려 했는데 숙소 주인이 혼자 나가는 나를 붙잡았다.

"여기 음식은 한 그릇만 시켜도 엄청나게 많이 나와요. 혼자 먹으러 가면 한 그릇도 다 못 먹는다고요. 그래도 멀리서 놀러 왔는데 이것저것 먹어봐야죠. 조금만 기다리면 광저우에서 여자 손님 한 분이 올 거예요. 그 친구 소개해줄 테니까 둘이 같이 밥 먹으러 가요."

중국어로 이야기할 기운도 없었던 나는 괜찮다며 거절하고 혼자 저녁을 먹으러 나갔다. 숙소 주인의 오지랖에 넘어가지 않았다고 뿌듯해하는 것도 잠깐이었다. 음식이 눈앞에 나오고 나서야 그분이 나에게 하고 싶었던 말의 의미를 깨달았다.

작은 그릇(小碗)으로 음식을 시키면 다른 지역에서는 세 젓가락이면 끝날 양이 담겨 나왔는데, 여기서는 대접에 음식이 가득 담겨 나왔다. 이 음식점만의 이야기가 아닌 듯했다. 시안이 속한 산시성(陝西省) 사람들을 두고 이런 말이 전해 내려오는 걸 보니 말이다.

국수 면발이 허리띠만 하고	面条像腰带
밀 전병 하나가 솥뚜껑만 하며	锅盔像锅盖
그릇은 세숫대야와 구분이 되지 않을 정도로 크다	碗盆难分开

음식점을 나오면서 숙소 주인에게 광저우 친구를 소개해달라고 다시 연락을 했다. 숙소 주인은 잘 생각했다는 말과 함께 연락처를 건네주었다. 그리고 그날 밤, 나와 광저우 친구는 숙소 주인이 불러주는 맛집들을 시험공부 하듯 받아 적으며 시안 맛집 탐방 계획을 세웠다.

다음 날, 혼자 여행 왔다는 다른 친구 한 명을 더 섭외해서 맛집 탐방을 나섰다. 셋이 가면 이것저것 많이 시킬 수 있을 줄 알았는데 그렇지도 않았다. 가게마다 주방장의 손이 얼마나 큰지 셋이 두 그릇만 시켜도 배가 부르고도 남을 만큼의 음식이 나왔다.

눈치 싸움 없이 양껏 먹고, 서로 더 먹으라며 권하고 나서도
음식이 남아 있으니 식탐이 많은 나도 자연스레 마음이 넉넉해
졌다. 허리띠만 한 면발을 우물우물 씹고, 솥뚜껑만 한 빵을 잘
게 찢다 보니 평소에는 잘 나오지 않던 이야기도 술술 쏟아져 나
왔다.

음식점을 세 군데 정도 오가며 밥을 먹고 나니 바깥은 이미 깜
깜해져 있었다. 옆에 있던 친구가 웃으며 마지막으로 딱 한 군데
만 더 가보자고 했다. 우리는 고개를 끄덕거리며 신이 나서 앞서
가는 친구의 뒤를 졸졸 따라 걸었다. 아마 혼자였으면 벌써 포기
하고 숙소로 돌아갔을 거라고 재잘거리며 우리도 왁자지껄한 거
리에 소리를 보탰다.

다시 먹고 싶은
시안 샤오츠 넷

중국에서는 간단하게 먹을 수 있는 음식을 샤오츠(小吃)라 한다. 시안의 샤오츠는 결코 가볍게 먹을 수 없을 만큼 푸짐한 양을 자랑한다. 이것저것 다먹고 싶은 마음은 굴뚝 같지만, 현실적으로 그러기는 어렵다. 아주 맛있어서 꼭 다시 먹고 싶은 시안 음식과 나를 감동하게 했던 음식점을 딱 네 곳 뽑아보면 이러하다.

1. 샤오쑤러우(小酥肉)

탕수육을 쏙 닮은 고기 튀김 샤오쑤러우는 중국의 다양한 지방에서 즐겨 먹는 음식이다. 시안 샤오쑤러우의 특징은 짭쪼름한 양념에 담가 나온다는 것이다. 샤오쑤러우는 촉촉하고 부들부들한 식감이 특히 매력적인데, 탕수육 소스를 부어 먹는 걸 좋아하는 사람이라면 높은 확률로 좋아할 맛이다.

- 칭전딩자샤오쑤러우(清真定家小酥肉)

  시안에서 샤오쑤러우 맛집으로 가장 먼저 언급되는 유명한 음식점이다. 이 집은 소고기로 샤오쑤러우를 만든다. 양념에 기름이 둥둥 떠 있는 모습에 처음에는 멈칫하게 되지만, 한입 깨물고 나면 생각이 바뀐다. 짭쪼름한 양념이 묻은 고기 튀김이 입에 녹자마자 사르르 녹는 맛이 일품이다.

  영업시간 매일 10:30-20:00
  연락처 158-0290-2999
  주소 西安市莲湖区北院门大皮院西口223号

2. 관탕바오（灌汤包）

얇은 만두피 속 육즙이 찰랑거리는 관탕바오가 맛있다는 건 두말할 것도 없다. 하지만 시안의 관탕바오는 조금 더 특별하다. 이슬람교를 믿는 후이족（回族）이 만든 관탕바오에는 돼지고기 대신 소고기와 양고기가 만두소의 재료로 쓰이기 때문이다. 느끼하지 않을까 걱정했는데 고소한 맛과 더 풍성하게 우러나는 육즙에 감동을 하고 말았다.

• 즈량정자오（志亮蒸饺）

후이민제에서 먹은 음식 중에 가장 맛있었다. 소고기 만두（牛肉特色蒸饺）에서 나오는 육즙을 쭉 빨아 마실 때 감동이 한 번, 씹어 먹을 때 느껴지는 풍미에 감동이 한 번 더 몰려온다. 만두 말고 여덟 가지 몸에 좋은 보물로 만든 바바오저우（八宝粥, 팔보죽）도 맛있다. 살짝 느끼해진 입안을 상큼하게 만들어주는 보물 같은 맛이다.

영업시간 매일 10:00-21:30

연락처 029-8725-3420

주소 西安市莲湖区庙后街200号

3. 러우자모（肉夹馍）와 량피（凉皮）

'모（馍）라는 빵 안에 고기를 끼우다（肉夹于馍）'는 뜻의 러우자모는 쉽게 말하면 중국식 햄버거다. 빵 안에 들어가는 고기는 돼지 다릿살인데 맛은 우리나라 장조림과 비슷하지만 비계가 섞인 부위라 질기지 않고 부드럽다.

러우자모랑 함께 먹으면 더 맛있는 음식이 있는데, 바로 량피다. 량피는 넓적하고 매끈한 면을 새콤하면서도 살짝 매운 양념에 차갑게 비빈 국수 요리다. 량피를 러우자모와 함께 먹으면, 러우자모만 먹었을 때의 느끼함을 량피가 잡아주고, 국수만 먹었을 때의 허전함을 러우자모가 고기로 달래줘서 좋다. 햄버거와 감자튀김처럼 무엇 하나 빼먹으면 심심하고 허전한 찰떡궁합 음식이다.

샤오쑤러우

관탕바오

- 쯔우루장지러우자모 추이화루점(子午路张记肉夹馍 翠华路店)

중국의 어디서나 쉽게 먹을 수 있는 러우자모와 량피이기 때문에 뭘 굳이 찾아가서 먹나 싶었지만, 이 집은 정말 맛있었다. 동네 사람들이 줄을 서서 밥을 먹던 유명한 노포다. 사람이 괜히 많은 것이 아니었다. 황금 비율로 들어간 살코기와 비계, 따끈하게 구워낸 빵이 잘 어우러진 근사한 맛이었다. 량피도 탱탱한 면발에 양념도 새콤해서 러우자모와 잘 어울렸다. 대안탑 쪽에 놀러 간다면 한 번 들러보기를 추천한다.

영업시간 매일 6:00-22:00

연락처 180-0925-7687

주소 西安市雁塔区翠华路227号路东

4. 유차마화(油茶麻花)

땅콩, 아몬드, 노란 콩, 깨를 넣고 끓인 뜨끈한 죽에 꽈배기 과자를 말아먹는 산시성의 전통 음식이다. 영양이 듬뿍이라 몸에도 좋은 데다 따뜻하고 부드러운 음식이라 아침에 먹으면 속도 편하고 힘이 번쩍 난다. 짭짤하면서도 달콤한 죽을 떠먹을 때 씹히는 꽈배기 과자의 바삭한 식감도 먹는 재미가 있다.

- 샤오자마화유차(小贾麻花油茶)

시안이 고향인 친구가 추억의 맛이라며 소개해준 곳이다. 추천받은 음식 중에 제일 이상하게 생겨서 기억에 남는다. 생긴 건 그래도 정말 맛있다는 친구의 말에 아침부터 찾아가서 먹었는데 짭짤한 듯 달콤하고, 부드러운 듯 바삭한 반전 매력에 반하고 말았다. 오전에만 잠깐 여는 식당이라 부지런해야 먹을 수 있다.

영업시간 매일 6:00-10:30

연락처 186-2943-2031

주소 西安市莲湖区五星街附近

러우자모 · 량피 · 유차마화

발길을 붙잡는 탑의 목소리

대안탑(大雁塔)

하늘하늘 움직이는 분수 뒤로 거대한 탑이 우뚝 솟아 있었다. 반짝거리는 금빛 장식이나 아기자기한 토우들이 달린 것도 아니었는데 단아한 흙빛 탑에서 오묘한 기운이 뿜어져 나왔다. 나는 얼이 빠진 채 그 탑을 가만 바라보다가 주섬주섬 두 손을 모아 합장을 했다.

 존재만으로 웅장한 대안탑을 만든 건 바로 《서유기》의 주인공, 현장(玄奘)이다. 아버지를 일찍 여의고 스님이 된 현장은 공부를 하면 할수록 종파와 교리에 따라 모두 다른 가르침에 매우 혼란스러웠다. 불경을 번역하는 과정에서 발생한 오류들이 그 원인이었다.

 어느 날, 현장은 부처님의 진리를 구하기 위해 서쪽으로 가는 꿈을 꾼다. 그리고 얼마 후, 인도로 떠나기로 결심한다. 당시 당나라는 나라 밖으로 나가는 것을 엄격히 금했기에 현장은 인도로 가는 것을 허락해달라고 여러 차례 상소를 올렸다. 하지만 번 번이 거절당하자 그는 국법을 어기는 것을 감수하고 몰래 길을 떠나게 된다.

갖은 고생 끝에 도착한 인도에서 그는 열심히 부처님의 진리 는 무엇인지에 대한 답을 구한다. 그리고 불경을 가지고 다시 장 안으로 돌아온다. 현장이 인도에서 갖고 온 불경을 보관하기 위 해 만든 탑이 바로 대안탑이다. 설계는 물론 공사까지 몸소 참여 했다고 하니 대안탑에는 현장의 뜻과 삶이 고스란히 녹아있는 셈이다.

분수 광장을 지나 빨간 벽에 드리운 나무 그림자를 보며 대안 탑으로 걸어갈 때만 해도 마냥 신났었는데, 막상 웅대한 탑 앞에 마주 서니 소름이 쫙 끼쳤다. 바람이 살랑살랑 불자 탑의 처마 끝 에 달린 풍경 소리가 은은하게 울려 퍼졌다. 마치 이제 막 문을 열 고 들어오는 누군가를 환영한다는 듯이 딸랑, 딸랑 소리가 났다.

7층 탑을 한 계단씩 밟아 걸어 올라갔다. 한 층, 한 층 높아질 수록 아치 모양으로 뚫린 창밖으로 보이는 탁 트인 풍경이 드넓 어졌다. 저 멀리까지 뻥 뚫려 있는 대로를 가만 내려다보니 몸 안 에서 시원한 바람이 부는 듯 짜릿했다. 괜히 저 너머의 세상이 궁 금하다가, 저 끝까지 내달리고 싶은 마음도 불쑥 솟았다.

탑의 꼭대기에서 저 길 너머로 떠나는 상상을 하며 한참을 서성거리다 다시 계단을 따라 걸어 내려왔다. 그리고 차분하게 마음을 가라앉히고 탑 주위를 따라 천천히 걸었다. 탑 꼭대기에서도 보이지 않는 머나먼 서쪽으로 나선 그 마음은 얼마나 단단하며, 또 그 길은 얼마나 외로웠을지 생각하니 대안탑이 더 커다랗게 느껴졌다.

어느덧 그림자가 길게 늘어지는 늦은 오후였다. 사늘해진 봄바람이 살랑하고 불자 청아한 풍경 소리가 다시 울려 퍼졌다. 끊일 듯 말 듯 애를 태우며 자꾸만 발길을 잡는 그 소리에 결국 탑 옆에 털썩 주저앉고 말았다. 그렇게 파란 하늘이 붉게 물들 때까지 탑의 옆에 가만히 앉아 풍경소리를 들었다. "딸랑, 딸랑" 하고 풍경이 오래도록 울었다.

대안탑은 자은사(慈恩寺) 내에 위치한다. 자은사는 648년 태자 이치(李治, 훗날의 고종)가 태종에게 주청하여 어머니 문덕황후를 위해 지은 절이다. 자은사의 주지 스님이었던 현장은 자은사에서 불경을 번역했다고 한다.

주소   陝西省西安市雁塔区大慈恩寺內
입장료   자은사 40위안, 대안탑 입장료 25위안
개방 시간 매일 8:00-17:30

따라 쓰고 싶은 미치광이 글씨

비림박물관(碑林博物馆)

쓰촨성 청두(成都)에서 지내는 동안 서예를 배웠다. 처음엔 일주일 내내 연습장에 선을 긋고 점만 찍었다. 그렇게 한 권을 꽉 채우고 나서야 글씨 쓰기를 배우기 시작했다. 선생님은 공책 맨 윗줄에 간단하게 생긴 한자를 죽 쓰고 난 후, 그동안 배운 것을 생각하며 따라 써보라고 했다.

내가 쓴 글씨를 보고 선생님은 눈썰미가 좋아 금방 따라 쓴다며 칭찬을 했다. 그런데 글씨를 보는 내 마음이 이상하게 찜찜했다. 연습을 하다 말고 가만히 앉아있는 나를 보고 선생님이 왜 그러느냐고 물었다. 내가 선생님이 쓴 글씨는 시원시원하고 힘이 있는데, 내 글씨는 네모 칸에 갇힌 듯 답답해 보인다고 말하자 선생님이 이렇게 말했다.

"글씨를 보면 사람 성격이 고스란히 드러나거든요. 평소에도 보면 말할 때나 웃을 때도 조심스럽잖아요. 반면에 저는 웃을 때도 와하하 웃고, 직설적으로 이야기하구요. 그러니 제 글씨는 밖으로 뻗어 나가는 힘이 있고, 이 글씨는 차분하고 정돈된 느낌이죠. 모두에게는 자기만의 글씨가 있어요. 제가 보기엔 이 글씨도 충분히 예쁜데요?"

글씨가 네모 칸에서 조금 삐져나온 것도 견디기 힘들어하던 나의 어지간히 답답한 속내를 들켜 버린 것 같았다. 그 말을 듣고 얼굴이 화끈 달아오르긴 했지만 한편으로는 후련하기도 했다. 그때부터였을까, 글씨로 마음을 꿰뚫어 보는 서예를 좋아하게 되었다.

그저 한자를 예쁘게 쓰고 싶어 시작한 취미였는데, 선생님에게 배운 건 예상 밖의 것이었다. 선생님은 수업을 할 때마다 왕희지(王羲之)나 구양순(欧阳询) 등 중국 명필가들의 글씨를 보여주며, 서예를 배운다는 건 단순히 글씨를 흉내 내는 것이 아니라 그 속에 담긴 기개와 강직함, 자유분방함과 창조성을 본받아 자신만의 글씨를 만들어가는 과정이라 했다.

수업 때 배웠던 서예가들의 서체를 새긴 비석이 한데 모여 있는 곳이 시안에 있었다. 한대(汉代)부터 청대(清代)까지의 비석 2,300여 개가 모여 있는 비림박물관이었다. 그곳에서는 비석을 톡톡 두드리며 탁본하는 소리가 들렸고, 은근한 먹 향기가 바람과 함께 날아다녔다.

책에서나 보던 서체들을 직접 보는 것만으로도 좋았는데, 뜻밖에 내 마음을 설레게 하는 서예가를 만났다. 당(唐)나라의 서예가 장욱(張旭)이었다. 술을 아주 좋아했던 장욱은 얼큰하게 취해 흥이 오르면 글씨를 썼다고 한다. 풀어헤친 머리카락에 먹을 묻혀 글을 쓰는 등 기이한 행동도 서슴지 않는 그를 사람들은 장미치광이(張顚, 장전)라고 불렀다.

광기 넘치는 그의 성격답게 〈단천자문(斷千字文)〉을 쓴 장욱의 서체는 그야말로 자유분방했다. 글씨들이 가지런히 모여 있는 다른 비석과는 달리, 장욱의 글씨는 딱딱한 비석 위에서 자기 멋대로 날뛰고 있었다. 거센 물결이 휘몰아치듯 힘차게 꺾인 부분이나 한 줄을 통째로 길게 내리지른 획을 볼 때는 속이 다 시원했다.

자기도 장욱의 글씨는 무슨 글자인지 읽기가 어렵다는 해설자의 말에 함께 웃었는데, 반나절 동안 수많은 비석을 보고 나서 기억에 선명히 남은 건 단연 장욱의 서체였다. 수많은 작품 중 술에 거나하게 취한 그 글씨가 왜 그렇게 기억에 남는 것인지 궁금했는데, 송나라 때 서예가들의 평론을 담은 책 《선화서보(宣和書譜)》에서 장욱에 대해 쓴 글을 보니 그 이유를 알 것 같았다.

그 초서는 비록 괴이하고 각양각색이나

其草字雖奇怪百出

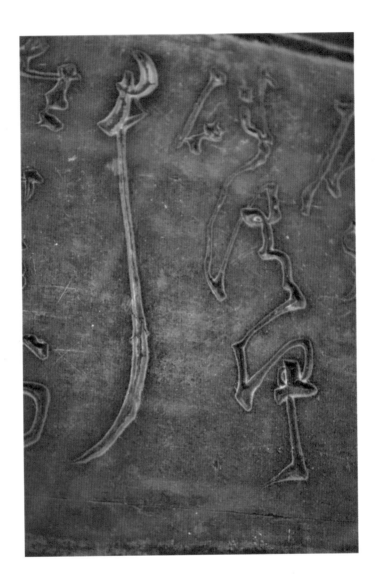

그 원류를 찾아보면

来这里来看一看草场上的鲜花

점 하나, 획 하나 규칙에 맞지 않은 것이 없어

无一点画不该规矩者,

혹자는 장미치광이가 사실 미치지 않았다고 말한다

或谓张颠不颠者是也

　제멋대로 쓴 괴팍한 글씨인 줄 알았는데, 가만히 따지고 보면 규칙에 어긋난 것이 없다니 새삼 놀라웠다. 이 글을 읽고 보니 장욱이 미친 주정뱅이이기 전에 왕희지, 왕헌지(王献之)의 글씨로 기본을 열심히 갈고 닦은 서예가였다는 사실이 다시 떠올랐다.

　괴이한 듯 오롯이 멀쩡한 그의 글씨를 가만 보고 있으니 멀쩡한 듯 괴이한 글씨를 쓰고 싶어졌다. 아무래도 장욱의 글씨를 따라 써봐야겠다. 거침없이 써 내려 간 장욱의 글씨를 따라 쓰다 보면 어쩌면 내 글씨도 자그마한 네모 칸에서, 내가 만들어놓은 삶의 딱딱한 틀 안에서 한 발, 두 발 나아갈 힘이 생길 수도 있을 테니까.

살아 있는 그림자를 찾아서

피영희(皮影戏)

어느 여름날, 상하이의 한 헌책방에서 그림 한 장에 마음을 빼앗기고 말았다. 빛바랜 종이 안에는 의뭉스러운 미소를 띤 사람이 새빨간 옷을 입고 앙증맞은 발을 동동거리며 서 있었다. 그림을 들었다 놓았다 하기를 몇 번, 도저히 두고 떠날 수가 없어 그림을 집어 들고 카운터로 갔다.

"피영희(皮影戏, 피잉시) 좋아하세요?"

사장님이 나에게 물었다. 그게 무엇이냐 묻자, 이 그림은 바로 '피영희'라 불리는 그림자극에 나오는 인물을 그린 것이라고 했다. 사장님은 기회가 되면 피영희를 한번 보러 가보라며 미소 지었다.

그날 저녁, 그림이 너무 예쁘지 않냐며 동네방네 자랑을 하니 친구들이 저마다 알고 있는 피영희에 대한 정보를 쏟아냈다. 그 중 귀에 쏙 들어온 한 마디가 있었다. 산시성에서 피영희가 시작되었다는 것, 그리고 시안에 가면 실제로 그림자극을 볼 수 있을 거라는 말.

시안에 꼭 가봐야겠다고 마음먹은 건 그때부터였다. 적어도 나에게 시안은 그 무엇도 아닌 피영희의 고장이었다. 가고 싶은 마음을 꾹꾹 눌러 담아 두기를 2년, 한껏 부푼 마음을 안고 마침내 시안에 도착했다.

처음 찾은 곳은 시안의 대표적인 관광지 후이민제(回民街)에 있는 자그마한 사설 공연장이었다. 곧 공연이 시작된다기에 서둘러 들어갔다. 시골 분교의 자그마한 교실 같은 극장 안에 있는 사람이라곤 나와 할아버지 한 명이 전부였다.

움직일 때마다 삐그덕 소리가 나는 의자에 앉자, 불이 꺼지고 하얀 천막에 조명이 켜졌다. 곧이어 아주 높은 고음으로 노래하는 소리가 주파수가 안 맞는 라디오처럼 지직거리며 흘러나왔다. 그림자 인형들이 총총 새하얀 무대 안으로 걸어 들어왔다. 여자와 남자는 무슨 일인지 한참 말다툼을 했다. 여자가 무대에서 사라지자 스트레스를 받은 남자가 바위에 걸터앉아 담배를 피웠다. 담뱃대 위에서 동그란 연기 그림자가 퐁퐁 솟아올랐다.

까맣게 형체를 뭉개는 줄만 알았던 그림자가 아름다운 빛깔과 세세한 형태로 다시 태어나 무대를 누비는 걸 보니 기분이 묘했다. 하얀 천막으로 만들어진 무대는 오직 영인(影人)[15]들에게만 색과 움직임을 허락한 모양이었다. 인형을 움직이며 연기하는 사람의 모습과 그림자는 조금도 보이지 않았다.

10분 정도 지났을까. 이제 막 호기심이 생기려는 찰나, 어스름한 형광등 불이 켜졌다. 갑작스럽게 끝나버린 공연에 어리둥절해 주위를 두리번거렸다. 내가 머뭇거리는 사이, 옆에 앉아 있던 할아버지는 말없이 일어나 느릿느릿 밖으로 나갔다.

'툭' 하는 소리와 함께 무대 조명이 꺼지자 피영희 무대가 순식간에 사라졌다. 헛헛함을 뒤로한 채 공연장을 빠져나왔다. 밖으로 나오자 거리의 왁자지껄한 소리들이 뒤엉켜 시끄러웠다. 방금 본 피영희가 아름답고 환상적인 꿈처럼 느껴졌다.

시안까지 왔는데 10분짜리 공연만 보고 싱겁게 돌아갈 수는 없었다. 이번에는 시안시 명청 피영예술박물관(西安市明淸皮影艺术博物馆)에 가보기로 했다. 그곳이라면 빛을 받아야만 비로소 완성되는 피영희를 조금 더 이해할 수 있을 것 같았다.

그곳은 관람객을 두 팔 벌려 환영하는 여느 박물관과 달랐다. 건물 한편에 자리한 문마저 굳게 잠겨 있었다. 쉬는 날도 아닌데 무슨 일인가 싶어 어리둥절하고 있는데, 한 여자 직원이 나와 직접 문을 열어줬다. 그분은 내가 인사를 하기도 전에, 박물관에 온 거냐고 묻더니 나를 전시관으로 직접 안내했다.

15 피영희에 등장하는 인물을 일컫는 말

뚜벅뚜벅 발소리마저 크게 들리는 고요한 계단을 올라가니 전시관이 있었다. 어두컴컴한 그곳에는 피영희에 등장하는 사람과 무대 장식만이 하얀 조명 위에서 고운 색깔을 뽐내고 있었다. 아무도 없는 텅 빈 전시관은 피영 예술을 사랑하는 누군가의 비밀 창고 같았다.

소장품은 모두 약 3~400년 전 청나라 때 만들어진 것이었는데, 후이민제에서 보았던 것과는 차원이 다르게 정교하고 아름다웠다. 우락부락한 장수, 성격이 대쪽 같을 것 같은 판관의 얼굴도 자세히 들여다보니 모두 아름다운 작품이었다. 보기만 해도 성격이 상상되는 세심하고 재치 있는 표현에 자꾸만 웃음이 터졌다. 거기에 더해 화려한 모자, 한 올 한 올 붙여 만든 수염을 볼 때는 세밀하고 화려한 그림을 감상하는 듯 눈이 다 즐거웠다.

피영희의 이야기는 흘러내려 오는 민담을 바탕으로 할 줄 알았는데, 인물들이 등장하는 극의 이름을 보니 《삼국연의(三国演义)》, 《봉신연의(封神演义)》 같은 고전이 더 많았다. 기괴한 괴물, 잔혹하게 몸이 잘려 나가 피를 철철 흘리는 사람도 있었는데, 중국의 대표 신화집 《산해경(山海经)》에 등장하는 것들이었다.

뜻밖에 고전 문학들이 많다며 내가 신기해하자, 구경하는 내내 내 옆에 서서 재미있게 설명해주던 직원이 웃으며 말했다.

"전통예술은 모두 연결되어 있으니까요."

전시를 다 보고 난 후, 더 궁금한 것 없느냐고 묻는 직원에게 시안에서 어딜 가야 피영희를 볼 수 있냐고 물었다.

"없습니다. 피영희를 정식으로 처음부터 끝까지 공연하려면 몇 시간은 걸릴 테고, 악기를 다루는 악사들도 여럿 필요하거든요. 관광객을 위해 짧게 각색하고, 녹음된 음악을 틀어 공연하는 곳이 있기는 하지만 그것을 진정한 피영희라 할 수는 없죠. 피영 작품들이 지금 박물관에 전시되어 있다는 건, 어쩌면 피영희가 이미 생명을 다했다는 것 아닐까요? 만약 피영희가 지금도 살아 있다면, 이 영인들은 무대 위에서 연기하고 있을 테니까요."

다시 1층으로 내려갔다. 창가 쪽 작업 공간에서 피영 공예를 하는 선생님이 가죽을 자르고 있었다. 묵묵히 작업하는 선생님 뒤로는 이곳에서 직접 만든 피영 작품이 전시되어 있었다. 그런데 이상하게 아름다운 형태로 만들어진 작품은 투명하게 남아 있을 뿐, 색이 칠해져 있지 않았다. 의아해서 왜 색이 없느냐고 묻자 뜻밖의 대답이 돌아왔다.

"가죽을 가공하고 자르는 기술은 연구도 되고 전승받아 지금도 할 수 있지만 색의 안료를 만드는 것은 연구가 되지 않아 지금은 옛날의 그 색을 만들 수가 없어요. 물론 요즘 만든 안료로 색을 칠할 수도 있지만 확실히 옛것보다 아름답지 않거든요. 아름답지 않은 작품을 완성하고 싶지는 않아 우리는 색을 칠하지 않기로 했습니다."

그 목소리에서는 어떤 단단함이 느껴졌다. 피영희는 생명을 다한 것이나 다름없던 그 단호함과 최고의 것이 아니라면 만들지 않겠다는 그 꼿꼿한 말이 머릿속에서 뒤엉켰다. 피영희를 다시 살리기 위해 일단 뭐라도 하고 있다고 할 줄 알았는데, 색마저 칠하지 않고 그대도 둔다니 뜻밖이었다.

창가 쪽 작업 공간에서는 선생님이 무서운 집중력으로 묵묵히 가죽을 자르고 있었다. 내가 이곳에 있는 내내 내 곁에 있었던 직원은 더 궁금한 게 있으면 편하게 물어보라며 한 번 더 말을 걸었다. 작품을 만들고 소개하는 얼굴들을 가만 바라보는데 '이제 피영희는 더 이상 가망이 없으니, 완성조차 포기한 것은 아닐까' 하는 내 생각이 짧았다는 걸 깨달았다. 이분들은 언젠가 그림자 인형들이 무대에 오르는 그 날, 그 모습이 가장 완벽하게 아름답기를 누구보다 간절히 바라고 있는 것 같았다.

바깥은 햇볕이 쨍쨍한 오후였다. 어두운 곳에 한참 있다 나온 탓인지 유난히 눈이 부셨다. 햇빛이 투명하게 빛날수록 하얀 조명 위에서 숨죽이고 있는 오색빛깔 그림자 인형들이 자꾸 마음에 밟혔다. 박물관 조명이 아니라 무대 조명 아래서 더 아름답게 빛나는 영인(影人)을 만나고 싶어졌다.

아무래도 동네방네 떠들며 살아 있는 피영희를 찾아다녀야 할 것 같다. 그러다 보면 언젠가는 조명 앞에 거짓말처럼 나타나 무대를 휘젓는 영인들을 보게 될지도 모르니까 말이다.

피영희를 직접 보고 싶다면
이곳으로

가오자다위안(高家大院, 고가대원)

청나라 때 관직에 있었던 가오웨송(高岳松)이 살았던 고택으로 후이민제 한 가운데 있다. 명나라 말, 청나라 초의 건축 양식을 엿볼 수 있는 이곳은 방만 86칸인 저택인데, 이 중 56칸이 대중에 공개되었다. 이곳에서는 피영희 그리고 산시성 전통극 중 하나인 라오창(老腔) 공연도 볼 수 있다. 15분 내외의 짧은 극이고, 대사를 알아듣기는 힘들지만 인물이나 무대가 사설 공연장에 비해 정교하고 아름답다.

주소　　　　西安市莲湖区北院门144号

전화　　　　136-2920-3721

개방 시간　8:30~22:30

입장료　　　가오자다위안 입장료: 15위안

　　　　　　　입장료 + 피영희: 30위안

　　　　　　　입장료 + 피영희 + 라오창: 60위안

피영희 공연 시간

오전 10시, 11시, 12시, 오후 1시, 3시, 4시, 5시, 6시, 7시 30분, 8시 30분, 9시 20분

시안시 명청 피영예술박물관(西安市明清皮影艺术博物馆)

산시성의 피영 작품들을 볼 수 있는 박물관이다. 산시성의 피영은 지역과 그 특징에 따라 동로 피영(东路皮影)와 서로 피영(西路皮影)으로 나뉘는데, 이곳에는 정교한 조각, 생동감 있는 형태, 색채가 화려하고 풍부한 것이 특징인 동로 피영 작품 위주로 소장하고 있다.

전시 중인 작품의 주제는 인물, 신화 속 괴물, 무대 배경으로 쓰이는 각종 가구, 화초 등 무척 다양하다. 전시관을 한 바퀴 돌고 나면, 피영 작품이 단순한 소품이 아니라 중국의 고대 문화와 모습을 고스란히 담고 있는 정교한 예술품이라는 것을 마음 깊이 느낄 수 있다.

주소   西安市雁塔区西安当代戏剧中心3层
전화   029-6257-7273
개방 시간 13:00-17:00(화-금), 11:00-17:00(주말), 월요일 휴관
입장료   무료

안 무섭다고 했잖아

화산(华山)

절벽에 등을 바짝 붙이고 게걸음으로 걷는 사람 사진을 보니 등
골이 오싹해졌다. 한 걸음만 잘못 디뎌도 천 길 낭떠러지로 떨어
질 것 같은 저 길을 내가 걸어가야 한다고 생각하니 마음이 복잡
해졌다. 화산이 아무리 천하제일의 명산이라고 해도 목숨까지
걸면서 가고 싶지는 않았다.

그런데 쉽게 포기가 되질 않았다. 그래서 어느 날, 식당에서
합석하게 된 시안 토박이 아저씨에게 덜컥 말을 걸어 화산에 가
봤냐고 물어보았다. 무표정하게 빵을 찢던 아저씨가 갑자기 지
난달에도 화산에 다녀왔다며 눈을 반짝였다. 길이 험하고 무섭
진 않느냐고, 하루 만에 다녀올 수는 있는 거냐며 속사포처럼 질
문을 쏟아내자 아저씨가 껄껄 웃으며 말했다.

"아가씨, 내 말 믿어요. 케이블카 타고 올라가면 힘들 것도 없
고요, 길도 위험하지 않아요."

마주 앉아 점심을 먹는 내내 아저씨는 쏟아지는 질문에 하나

하나 대답해주며 나를 안심시켰다. 그리고 돌아가기 전에 화산에 꼭 다녀오라는 말과 함께 홀연히 자리를 떴다.

이번엔 산에 같이 갈 친구를 찾아야 했다. 그래서 시안에 사는 친구 커플과 밥을 먹을 때, 슬쩍 화산에 가봤냐고 물었다. 시안에서 지낸 지 한참인 친구도, 시안이 고향인 그의 여자 친구 '라떼'도 뜻밖에 화산에 가본 적이 없다고 했다. 마침 잘 됐다며 같이 가자고 말을 꺼내자, 평소에는 무엇이든 하나라도 더 해보자고 씩씩하게 앞장서던 라떼가 난감한 얼굴로 말했다.

"안 돼, 위험해."

케이블카 타면 힘들지도 않고, 사람들이 SNS에 올린 사진은 아슬아슬해 보이는 곳에서 돈 주고 찍은 것이라며 식당에서 만났던 아저씨가 했던 말을 줄줄이 읊었다. 둘은 이야기를 가만 듣고 한참을 망설이다가 결국 나와 함께 화산에 가기로 했다.

일주일 후, 우리는 화산에 도착했다. 화강암으로 이루어진 통바위산이라더니 살굿빛 바윗덩어리가 하늘에서 뚝 떨어진 듯 우뚝 솟아 있었다. 경사가 가파른 산이라서 인지 굽이굽이 산길을 지나 도착한 입구부터 탑승구까지 가는 길도 유난히 가팔랐다. 도착한 탑승구에는 산에서 내려오는 케이블카들이 줄을 타고 미끄러져 내려오고 있었다. 승무원의 안내에 따라 기나긴 줄은 착

착 줄어들었고, 마침내 우리도 케이블카에 올라탔다.

처음에는 신이 나서 창밖의 풍경을 보며 사진을 찍었는데, 그렇게 감탄하는 것도 찰나였다. 올라갈수록 케이블카 안이 점점 조용해지더니 급기야는 윙-윙- 기계 돌아가는 소리만 났다. 손에서 땀이 하도 나는 바람에 카메라를 들고 있을 수도 없었다. 저 아래를 내려다보면 눈이 핑 도는 것 같았고, 눈을 질끈 감으면 흔들거리는 진동이 고스란히 느껴져 심장이 튀어나올 것 같았다.

"덜컹- 덜컹-"

케이블이 교차하는 지점을 지날 때마다 케이블카가 '덜컹' 하고 크게 흔들렸다. 맞은 편에 앉은 아주머니가 얼굴이 새하얗게 질려 눈을 질끈 감았다. 아주머니 손을 잡고 괜찮다며 읊조리던 아저씨도 깜짝 놀라 소리를 질렀다.

나는 정신줄을 놓은 지 오래였다. 케이블카가 흔들릴 때마다 "으악" 하고 비명을 지르다가 "엄마"를 찾으며 우는 소리를 냈다. 한번 소리를 지르기 시작하니 곡소리가 멈추질 않았다. 내 앞에서 얼굴이 새하얗게 질려 가만히 있던 라떼가 차분한 목소리로 한마디했다.

"소리 지르지 마. 괜찮았는데 나까지 무서워지잖아."

두 시간 같았던 20분이 흐르고 우리는 서쪽 봉우리(西峰, 시펑)

에 도착했다. 케이블카에서 내려서는 후들거리는 다리를 붙잡고 "케이블카가 무섭다는 소리는 못 들었는데 이게 무슨 일이냐"며 정신 나간 사람처럼 중얼거렸다.

혼이 쏙 빠지도록 높이 올라온 것 같았는데 문을 나서자 가장 먼저 나타난 건 패스트푸드 가게였다. 너무 무서워서 이젠 헛것이 보이는 줄 알았다. 정신을 먼저 차린 친구 커플이 간단히 점심을 먹고 가자며 음식을 주문했다.

우리는 테이블에 둘러앉아 밥을 먹었다. 빵이 입으로 들어가는지 코로 들어가는지 알 수가 없었다. 친구가 묻는 말도 제대로 알아듣지 못하고 헛소리를 하자 친구가 한 차례 웃고는 말 걸지 않을 테니 숨 좀 돌리라고 했다.

한참을 멍하니 앉아 있고 나서야 정신이 돌아왔고, 우리는 본격적인 산행에 나섰다. 아저씨의 말대로 산길은 험하지 않았다. 가끔 가파른 돌계단을 암벽 타듯 올라야 하긴 했지만, 기차역 앞에서 얼떨결에 산 장갑 덕에 어렵지 않게 오를 수 있었다. 햇살에 따끈하게 데워진 바위에 앉아 바람을 쐬며 풍경을 내려다보니 산 정상에 도착했다는 것이 실감 났다. 비록 내 발로 오른 건 아니었지만.

서쪽 봉우리에서 북쪽 봉우리(北峰, 베이펑)로 향하는 길은 내리막길이 많았다. 걷다 보면 눈앞에 거대한 산봉우리가 떡 하니

서 있어 멍하니 바라보기도 하고, 옛날 옛날에 농옥공주(弄玉公主)가 화산에서 수양하던 청년 소사(簫史)와 부부의 연을 맺고 첫날 밤을 지냈다는 동굴 앞을 서성이며 쉬어 가기도 했다.

북쪽 봉우리에서 다시 죽음의 케이블카를 타고 내려온 우리는 시안으로 돌아오는 차 안에서 곯아떨어지고 말았다. 시안에 도착하니 어느덧 깜깜한 밤이었다. 그래도 그냥 헤어지긴 아쉽기도 하고, 하루 종일 고생했으니 푸짐하게 저녁이나 먹자며 우리는 훠궈(火锅, 중국식 샤브샤브)를 먹으러 갔다.

주문을 하고 나서 한숨을 돌리는데 라떼에게 전화 한 통이 왔다. 라떼의 아버지였다. 라떼는 연신 "아니야, 위험하지 않았어. 괜찮아. 잘 도착했어. 걱정하지 마."라며 아버지를 안심시켰다. 그 모습을 어리둥절하게 바라보고 있는 나를 보고 라떼가 씩 웃으며 말했다.

"아빠 젊었을 때는 화산에 갔다가 사고가 나거나 죽는 사람도 많았대. 산에 있느라 연락을 잘 못했더니 걱정하셨나봐."

그제서야 라떼의 반응들이 하나, 둘 떠오르며 이해가 갔다. 지금이야 케이블카를 타고 뚝딱 정상에 도착해 걷기 쉽게 정비된 길을 따라 걸으면 되지만 옛날에는 깎아지른 듯 가파르고 험한 산길을 두 발로 올라야만 갈 수 있었던 곳이라 생각하니 아찔했다.

그 옛날 위험한 산에서 수양은 어떻게 했던 걸까, 그렇게 높은 곳에 동굴을 파서 신방을 차린 사람들의 사랑은 얼마나 간절하고 커다랬던 것일까 상상하다 보니 훠궈를 먹기도 전에 입이 떡 벌어지고 말았다.

그러고 보니 어렸을 때부터 내내 위험한 곳이라 들어왔던 그 산을 함께 가겠다고 한 라떼의 결정이 크고 묵직하게 느껴졌다. 많이 걱정되고 무서웠을 텐데 함께 가줘서 고맙다고 하자 라떼는 덕분에 오랜만에 여행을 다녀온 기분이라며 시원하게 웃었다. 시뻘건 훠궈가 보글보글 끓어오르기 시작했다. 짧지만 강렬했던 하루의 긴장과 피로가 뜨끈하게 익은 고기 한 점에, 유쾌한 웃음소리에 스르르 녹아내렸다.

4

실크로드
Silk Road

서북 여행

青海省, 甘肃省

말하자면 종합 선물세트

서북 여행(青海省, 甘肃省)

실크로드의 핵심 코스 중 하나인 서북 여행의 시작은 엉성하고 어설펐다. 청두에 머무르던 시절, 나와 함께 여행을 하러 온 막내가 자기를 데리고 어디 갈 거냐며 채근했다. 딱히 떠오르는 곳이 없어 난감했는데, 문득 중국 친구가 소개해준 현지 여행사가 떠올랐다. 이 여행사에서 가장 인기 있는 상품인 서북 여행 링크를 막내에게 보내주었다. 막내는 근사한 사진이 마음에 든 모양인지 흔쾌히 좋다고 했다. 그렇게 우리는 서북 여행을 떠나기로 했다.

서북 여행은 말하자면 종합 선물세트 같았다. 눈을 감았다 뜨면 노란 유채꽃 바다가, 황량한 모래사막이, 바다를 닮은 고요한 호수가 연이어 쏟아져 나왔다. 선물세트를 보면 꼭 시원찮은 물건이 슬쩍 들어 있기도 하던데, 서북 여행에서는 어느 곳 하나 실망스러운 곳이 없었다.

하늘이 빚은 아름다움만 있을 줄 알았는데, 뜻밖에 인간이 만들어낸 궁극의 아름다움도 만났다. 수백 개의 석굴 안에서 천 년에 걸쳐 꽃핀 불교 예술을 볼 때는 황홀하고 경이롭다가 존경의 마음마저 차올랐다. 이 어마어마한 여행이 끝날 무렵, 동생에게 이렇게 말했다.

"너 살면서 이렇게 매일 놀라본 적 있어? 난 다시는 이런 여행지 못 만날 것 같아."

여행 시기 2018년 7월
여행 기간 9일
여행 방법 동생과 함께 / 현지 여행사 패키지 여행
중국어 가능 정도 중국어로 웬만한 의사소통 가능

양고기 지옥의 반전
칭하이성 양고기

대도시에서 벗어나면 항상 먹는 게 문제였다. 도시에서 멀어질수록 입에 맞지 않는 음식이 많아 여행 내내 쫄쫄 굶고 오기 일쑤였으니까. 서북 여행을 가기 전에도 걱정이 태산이었다. 더욱이 여행사에서 보낸 안내문에는 열흘 내내 고기와 밀가루 음식만 먹다 보면 상초열[16]이 나기 쉬우니 주의하라고 쓰여 있었다. 막냇동생에게 우리 둘 다 편식으로는 어디 가서 빠지지 않는데 어떡하냐며 호들갑을 떨었다. 가만히 이야기를 듣던 동생이 입을 열었다.

"오… 고기만 먹으라고? 거기 천국이야?"

뜻밖의 반응에 그만 웃음이 터져버렸다. 그러다 "누나도 평소에 초록 야채를 별로 좋아하지도 않았으면서 왜 그러냐"는 동생의 말에 이내 고개를 끄덕이고 말았다.

---

16 상초열이 나면 목구멍이 붓고 입안이 헐며, 머리가 아프고 눈이 충혈된다.

몇 주 후, 우리는 서북 여행의 시작점인 칭하이성(靑海省) 시닝(西宁)에 도착했다. 밤새 기차를 타고 오느라 아무것도 못 먹었더니 배에서 자꾸만 꼬르륵 소리가 났다. 짐을 풀고 침대에 누웠다가 다시 일어나는 것이 쉽지는 않았지만 그래도 여행의 첫 끼니이니 맛있는 걸 먹자며 열심히 검색을 하고 집을 나섰다.

밖에는 부슬부슬 비가 내리고 있었다. 이따금 지나가는 아저씨들이 하얗고 조그마한 이슬람 모자, 타키야(takiya)를 쓰고 있었다. 내가 보던 중국 사람들과는 얼굴부터 복장까지 모두 달랐다. 낯선 풍경이 눈에 들어오니 새로운 도시에 왔다는 것이 그제서야 실감 났다.

도착한 곳은 커다란 할랄[17] 음식점이었다. 전통 의상을 차려입은 종업원이 환하게 웃으며 우리를 자리로 안내했다. 중국인 듯 중동인 듯 오묘한 분위기의 계단을 올라 칸막이가 있는 방에 앉았다.

메뉴판을 가운데 두고 한참 토론을 하다가 가장 유명하다는 감자 양갈비 돌판구이(土豆炕羊排, 투더우캉양파이)를 주문했다. 타키야를 쓴 앳된 남자 점원이 재차 주문 내용을 확인하고 빙그레 웃으며 커튼을 닫고 나갔다.

---

17   이슬람 율법에 어긋나지 않게 만든, 무슬림에게 허용된 음식

얼마 지나지 않아 커다란 냄비가 지글지글 소리가 내며 테이블 위로 올라왔다. 먹기 좋은 크기의 양갈비, 감자와 양파, 그리고 우동 굵기의 중국 당면이 한데 어우러져 나는 냄새에 자꾸만 침이 고였다.

통통한 갈빗살을 집어 입에 쏙 넣어 씹으니 살코기가 부드럽게 갈라지며 육즙이 흘러나왔다. 뜨거운 기운을 입으로 호호 뱉어내며 고기를 씹으니 온몸 가득했던 허기가 순식간에 환희로 바뀌었다. 냄비 바닥에 살짝 눌어붙은 감자는 깨물 땐 감자칩처럼 바삭거리다가 스르륵 으스러졌다.

오동통한 중국 당면은 두말할 것도 없었다. 양념은 물론, 야채와 고기의 육즙까지 모두 배어들어 가닥마다 풍성한 맛이 났다. 동생은 용수철처럼 통통 튀어 오르는 면발을 보며 탄력 한번 대단하다며 감탄을 했다.

셋이 먹어도 남겠다며 걱정하던 커다란 냄비는 결국 바닥을 드러내고 말았다. 동생은 금방이라도 터질 것 같은 배를 두드리며 굶는 게 아니라 살찌는 걸 걱정해야겠다며 웃었다.

그나저나 태어나서 양고기를 처음 먹어봤다는 동생의 말에 나는 앞으로 먹을 양고기는 이렇게까지 맛있지 않을 텐데 어떡하냐며 또 걱정을 했다. 그 말을 들은 동생이 생애 첫 양고기가 인생 양고기라니 역시 자기는 운은 타고났다며 씩 웃었다.

맛있는 양고기 때문일까, 운이 좋은 동생이 옆에 있어서일까. 왠지 이번 여행에서는 걱정도 팔자인 나에게도 운이 따를 것만 같았다. 촉촉하게 비에 젖은 거리를 걸어 숙소로 돌아가는 내내 자꾸만 웃음이 났다.

칭하이성에서 먹은
인생 양고기

칭하이성(青海省)과 간쑤성(甘肅省)을 가로지르며 여행을 하는 동안에는
양고기와 소고기는 원 없이 먹었다. 특히 시내에 있는 유명한 음식점에서는
신선하고 맛 좋은 양고기 요리를 먹을 수 있어 행복했다. 기회만 된다면 먼
길 찾아 또 가고 싶은 인생 양고기집을 소개한다.

이란쉬안 칭하이 터써메이스(伊然轩青海特色美食)

이 글에 나오는 음식점이다. 칭하이성 시닝시에 있는 곳인데, 처음에 먹었
던 그 맛을 잊을 수 없어서 마지막 날 떠나기 전에 한 번 더 갔다. 현지 사람
은 물론이고, 여행자들에게도 이름난 곳이라 식사 피크 타임에는 줄을 길게
섰다. 다양한 서북 요리를 맛볼 수 있는 곳이라 다시 가서 다른 음식도 먹어
보고 싶다.

주소　　西宁市城东区大众街杨家一巷往里
영업시간　매일 10:30-15:00, 16:00-21:30
전화번호　0971-531-9775

이 라오옌카오양러우(老严烤羊肉)

더링하(德令哈)에 있는 양고기 음식점이다. 각 잡고 양고기 하나로 승부를

보는 듯한 고수의 기운이 가득한 곳이다. 코끝에 닿을 듯이 활활 타오르는 불에 양꼬치를 잔뜩 들고 저글링 하듯 구워내던 주방의 모습이 아직도 눈에 선하다.

이곳에서는 이란쉬안에서 먹었던 캉궈양러우(炕锅羊肉)와 양꼬치(羊肉串), 수제 요거트(手工酸奶)를 먹었다. 투박하게 담겨 나온 음식이었지만 맛만은 절대 잊지 못할 정도로 끝내주는 곳이었다. 계산할 때 정말 맛있었다고 하자, 이 동네에서 최고라서 모두가 그렇게 말하던 음식점 주인의 자부심이 기억에 남는다.

주소 　　　海西蒙古族藏族自治州德令哈市柴达木西路34号(본점)

영업시간 　매일 15:00~익일 03:00

전화번호 　131-1977-9222

끝도 없이 보고 싶던

치렌산맥(祁連山脈) 그리고 막내

추운 겨울, 엄마 아빠가 며칠 동안 들어오지 않더니 이불에 둘둘 쌓인 갓난아기를 품에 안고 돌아왔다. 귤 한쪽만 물려주어도 신이 나서 팔다리를 꼼지락거리는 아기는 앙증맞고 귀여웠다. 그러니까 초등학교 1학년이 끝나가던 어느 날, 막내를 처음 만났다.

막내는 시험 기간에 공부를 할 때도, 대학에 갈 때도 온 힘을 다해 헤쳐나가며 컸던 나와는 달랐다. 힘겹게 지났던 나의 고비들이 막내에게는 별일 아닌 듯 슬렁슬렁 지나갔다. 부모님께 하고 싶은 것도 척척 잘 말하는 막내가, 언제나 자기 할 말을 야무지게 하는 막내가, 큰누나처럼 살면 너무 힘들 것 같다는 말을 해 맑게 웃으며 하는 막내가 나는 어쩐지 얄미웠다. 아니, 내심 부러웠다.

그런 막내가 함께 여행을 하자며 중국으로 오겠다고 했을 때, 사실 당황했다. 한국과 중국을 오가며 지내는 동안 누군가 중국으로 온 일이 없었는데 첫 타자가 막내라니. 비행기 표를 샀다며 막내가 일정을 보내오던 날, 나는 둘째 동생에게 다급하게 연락을 했다. 밖에 나가서 막내랑 단둘이 밥 한번 먹어본 적 없는데 어색해서 하루 종일 붙어 있겠느냐며.

일하러 간다고, 약속 있다고 매일 밖으로 나도느라 같이 시간을 보낼 일이 좀처럼 없었는데 이번 여행에서는 막내와 꼼짝없이 붙어 있어야 했다. 매일 적어도 다섯 시간씩 버스를 타고 이동해야 하니 어쩔 수 없었다. 어느덧 어깨 딱 벌어진 장정이 된 너랑 앉으니 이 버스에서 내 자리가 제일 좁다고 툴툴댈 때마다 막내는 자기가 싫으냐며 내 옆구리를 툭툭 쳤고, 나는 괜히 창 쪽으로 고개를 돌렸다.

이동하는 시간이 길어 고되고 지긋지긋할 줄 알았는데 아니었다. 창밖에는 노란 유채꽃 바다가, 컴퓨터 바탕화면에서나 보던 초록빛 산맥이 펼쳐지고 있었다. 그러다가 장엄한 설산이 떡 하니 나오기라도 하면 도대체 이 길은 몇 가지 풍경을 보여주려는 건가 싶어 정신이 아득해졌다.

버스 안에서도 지루할 틈이 없기는 매한가지였다. 사진으로는 도저히 표현이 안 되는 광활함을 담아보려 둘이 같이 창문에 붙어 동영상을 찍기도 하고, 이어폰을 함께 꽂고 어깨춤도 추고 립싱크를 하며 놀다가, 그마저도 지쳐 잠을 자다 보면 어느새 목적

지에 도착했다.

여행할 때마다 같이 온 사람만 찍어주느라 내 사진은 거의 없었는데, 찍지 말래도 마구잡이로 찍어대는 막내 때문에 '에라, 모르겠다' 하고 오랜만에 카메라 앞에서 예쁜 척도 해봤다. 찍어준 사진들을 보며 너는 모서리에 얼굴만 덩그러니 찍어 놓았냐며 내가 타박을 해도 막내는 아랑곳하지 않고 낄낄거렸다.

자기랑 제일 똑같이 생긴 사람이라 못생겼다고 할 수는 없다며 히죽대는 막내의 말로 시작된 대화는, 그래도 너랑 같이 여행 와서 편하고 좋다며 싱거운 농담처럼 풀어졌다가, 누나가 왜 그렇게 중국에 오는지도 알 것 같다며, "그래, 한 번 쉬는 것도 좋은 것 같아, 나는 누나를 응원해"라는 말에 벅차오르기도 했다.

끝을 모르고 다채롭게 이어지던 풍경처럼 우리들의 대화도, 침묵도, 장난도 계속되었다. 이상하다. 아름답다 못해 신비하던 풍경들을 오래오래 기억해보겠다며 열심히 찍고 눈에 담았던 것 같은데. "진짜 예쁘다, 어마어마하네." 하며 핸드폰 카메라를 함께 들이대던 막내가 더 또렷이 생각나는 것 보면. 아마, 오랫동안 막내가 많이 보고 싶었나 보다.

하루 종일 봐도 좋았던
치롄산맥의 풍경들

서북 여행을 하는 내내 창밖으로는 치롄산이 보였다. '치롄(祁连)'은 고대 흉노 언어로 하늘을 뜻한다고 한다. 평균 해발고도 4,000m, 길이 2,000km의 거대한 치롄산맥에서는 해발고도나 기후에 따라 다채로운 자연경관을 볼 수 있다. 그중 인상적으로 아름다운 장소들을 소개한다.

먼위안 유채화 전망대(门源油菜花观花台)

중국 북부 유채꽃의 발원지인 먼위안은 자그마치 1억 평으로 전 세계에서 가장 큰 규모의 유채꽃 서식지라고 한다. 밭이라고 표현하기에는 부족했는지 사람들은 '유채꽃 바다'라고 부른다. 이곳에서는 매년 7월 유채꽃 축제가 열린다. 한국으로 치면 한여름인 7월이 되어서야 따스한 봄이 오는 것이다.

주소　　　海北藏族自治州门源回族自治县百里油菜花景区内
입장료　　60위안
개방 시간　매일 8:00-17:00

먼위안 유채꽃 바다
영상 QR코드

쥐얼산(卓尔山)

쥐얼산의 풍경은 그야말로 초현실적이다. 7월에는 노란 유채꽃과 연보라 빛 들꽃까지 피어 색의 향연을 고스란히 느낄 수 있다. 붉은 암석이 바탕이 되어 드러나는 산의 굴곡은 햇빛이 비치면 더욱 또렷하게 보이는 데 마치 3D 영화를 보는 듯 입체적이다.

마침 쥐얼산에는 영화 같은 전설이 전해 내려온다. 바로 쥐얼산과 뉴신산(牛心山)의 사랑 이야기다. 발그레한 피부를 가진 아름다운 용왕의 딸 중무마유마(宗穆玛釉玛)가 산이 되어버린 것은 모두 사랑 때문이었다. 그녀가 영민하고 용맹한 뉴신산의 산신(山神), 아미둥쒀(阿咪东索)에게 반해버린 것이다.

사랑하는 이의 곁에 있고 싶었던 중무마유마는 하늘의 뜻을 어기고 인간 세계로 내려가기로 마음먹었다. 이때 그녀의 몸이 산으로 변하는데, 그 산이 바로 붉은 빛 속살을 가진 쥐얼산이다. 그렇게 중무마유마와 아미둥쒀는 평생을 함께 이곳에서 산과 들을 지키며 살게 되었다고 한다.

나무 데크를 쭉 따라 쥐얼산의 꼭대기에 올라가면, 만년설을 머리에 얹은 뉴신산이 보인다. 쥐얼산의 꼭대기에서 뉴신산을 한참 바라보았던 기억이 난다. 그때의 묘한 기분이 이 전설 때문인 것만 같아 괜히 로맨틱하게 느껴진다.

주소 海北藏族自治州祁连县八宝镇
입장료 80위안(입장권, 왕복셔틀버스 포함)
개방 시간 매일 7:00-19:00

쥐얼산 영상
QR코드

장예 단샤 국가지질공원(张掖丹霞国家地质公园)

치롄산 북쪽 끝에는 머리가 어지러울 만큼 신비롭고 아름다운 곳이 있다. 신의 거대한 팔레트인 듯 강렬하고 쨍쨍한 색깔이 사방에 물들어 있는 장예 단샤 국가지질공원이다. 관광객에게 개방된 전망대로 이동하려면 버스를 타야 할 만큼 규모도 거대하다.

이 신비로운 지형을 단샤(丹霞)라고 하는데, 이는 대륙의 붉은색 퇴적암이 융기 같은 내부요인과 풍화, 침식 등 외부요인에 영향을 받아 만들어진 경관을 말한다. 자그마치 백악기(1억 3만 5,000만 년 전~6,500만 년 전)에 만들어진 이곳에 있다 보면 감히 상상하기 어려웠던 대자연의 웅장함과 신비로움이 온몸으로 느껴진다.

주소   张掖市临泽县倪家营南台子村
입장료   40위안
개방 시간   매일 7:00-18:00(하절기), 7:30-17:00(동절기)

단샤 지질공원
영상 QR코드

바다 없는 해수욕장

밍사산(鳴沙山, 명사산)

날카로운 선으로 매혹적인 굴곡을 그리는 모래 언덕. 매끈하게 깎인 비탈. 바람이 불면 살랑거리는 나뭇잎 대신 일렁이는 황금빛 모래. 뜨거운 태양 아래에 우두커니 걸어가는 낙타 한 마리. 이것이 내가 상상하던 사막의 모습이었다.

가이드가 밍사산으로 일몰을 보러 간다고 할 때만 해도 사막에 간다고는 생각하지 못했다. 사막이라면 황량한 들판을 한참 달려가야 할 텐데, 이미 느지막한 오후인 데다 도착한 호텔은 번화한 시내에 있었으니까. 그런데 아니었다. 호텔에서 버스를 10분 타고 나가니 사막이었다.

상상 속 사막을 직접 마주하니 입이 떡 벌어졌다. 파란 하늘과 황금빛 모래가 이루는 색의 대비에는 눈이 다 시렸다. 그러다 태양이 강렬하게 빛을 내리쬐기라도 하면, 모래 언덕이 빛나기도 그늘지기도 하며 아름다운 굴곡이 고스란히 드러났다.

이런 풍경을 보면 한없이 고독해질 줄 알았는데, 그렇지 않았다. 가끔 요란한 소리를 내며 꼬마 비행기가 지나가고, 여행객들을 등에 태운 낙타들이 줄을 지어 걸어가는 그곳에서 나는 놀이공원이라도 온 듯 가슴이 두근거렸다.

동생과 함께 햇볕에 달궈진 모래를 꾹꾹 밟으며 언덕을 향해 걸어갔다. 나무가 우거진 산의 초입은 매번 부담스러웠는데 고개를 들면 꼭대기가 훤히 보이는 밍사산은 퍽 쉬워 보였다. 매끈한 모래 언덕에 난 세 개의 길 중 어느 쪽으로 오를까 고민을 하다가 우리는 가장 사람이 적은 줄을 따라 올라가기로 했다.

세상에, 극기 훈련이 따로 없었다. 안 그래도 경사가 가파른데 발이 모래에 푹푹 빠지기까지 하니 모래주머니라도 찬 것 같았다. 한 10m 정도 올랐을 즈음, 동생의 머리는 이미 땀으로 범벅이 되었고, 나는 너무 힘이 들어서 정신 나간 사람처럼 웃어댔다.

주위를 둘러보니 옆에 있는 사람들도 사정은 마찬가지였다. 혼이 나간 얼굴로 줄을 겨우 붙잡고 있는 사람부터, 자기 직업이 경찰인데 훈련받는 것보다 이게 더 힘들다며 고개를 절레절레 젓는 사람, 목에서 피 맛이 난다는 사람까지 곡소리도 각양각색이었다.

이를 악물고 걸어 올라 정상에 도착했다. 먼저 도착한 동생은 모래 바닥에 대자로 뻗어 있었다. 기진맥진한 나도 그 옆으로 기어가 벌러덩 누워 버렸다. 올라올 때만 해도 지긋지긋했는데 곱고, 부드러운 데다 따뜻하기까지 한 모래가 나에게 수고했다며 찜질 마사지를 해주는 것 같았다.

까딱하면 입 밖으로 튀어나올 뻔한 심장이 진정되고 난 후에야 겨우 몸을 일으켜 앉았다. 뜻밖에 해수욕장으로 순간 이동을 한 기분이었다. 어떤 사람들은 모래 바닥에 철퍼덕 주저앉아 즐겁게 수다를 떨었고, 꼬마들은 신나게 뛰어다니며 술래잡기를 했다. 둥그렇게 둘러앉아 핸드폰에서 나오는 노래를 가만히 따라 부르는 사람들을 볼 때는 웃음이 절로 나왔다.

바닷물 대신 모래가 발 위로 올라오는 그곳을 천천히 걸었다. 고개를 돌리니 매끈한 모래 언덕이 커다란 파도처럼 굽이굽이 넘실대고 있었다. 햇볕을 받은 모래 파도가 서서히 주황빛으로 바뀌어 갔다. 어느덧 일몰이었다.

"그런데 저쪽 줄에는 나무 계단 있는 거 알아? 금방 올라오겠더라. 역시 사람 많은 데는 이유가 있었나 봐."

"하하하, 그럼 괜히 어렵게 올라온 거잖아? 역시 누나 말을 듣는 게 아니었어."

모래 언덕 위에 동생과 나란히 앉아 웃고 떠드는 사이, 붉은 태양과 만난 푸른 하늘이 연보라색으로 서서히 물들기 시작했다. 초승달을 꼭 닮은 오아시스, 월아천(月牙泉, 웨야췐)도 분홍빛 물을 머금고 반짝였다. '와아' 하는 탄성 소리가 여기저기서 터져 나왔다.

어느새 어둑해진 모래 언덕 아래에서 가로등이 반짝이며 하나, 둘 켜지기 시작했다. 마치 벌써 깜깜해진 사막 저편 하늘에 떠오르기 시작한 별빛처럼.

막고굴의 시작이 된 황금빛 모래 언덕

밍사산

둔황(敦煌)에서 25km 떨어진 곳에는 고운 모래가 가득한 사막이 있다. 동서로 40km, 남북으로 20km에 걸쳐 분포한 모래 구릉을 통틀어 밍사산이라고 한다. 3만 년 전까지만 해도 울창한 삼림 지역이었던 이곳은 지금 황금빛 모래만 가득한 사막이 되었다. 바람에 쓸리는 모래 소리가 악기를 연주하는 듯 아름답게 들린다 하여 명사산(鳴沙山)이라는 이름이 붙었다.

밍사산 모래 언덕 아래에는 월아천이라는 초승달 모양의 오아시스가 있다. 모래산에 둘러싸인 채 수천 년 동안 잠시도 물이 마르지 않은 신비로운 샘이다. 일몰 무렵, 시시각각 변하는 하늘과 모래 구릉, 오아시스가 어우러진 모습이 무척 아름답다. 또 하나 놓칠 수 없는 건 밤 풍경이다. 일몰 무렵 모래 언덕에 올라 어둑해질 때까지 기다려 별을 구경하는 것도 추천한다.

아름다운 풍경의 밍사산에는 상서로운 이야기가 전해 내려온다. 366년, 경건한 믿음으로 불법을 정성껏 수행하는 낙준(乐傳)이라는 스님이 있었다. 어느 날, 삼위산(三危山)에서 수행을 하던 낙준 스님의 눈에 황금빛 광채가 들어왔다. 놀라서 자세히 보니 강가의 벼랑에서 수많은 불상이 빛을 발하고 있었다.

낙준 스님은 이것을 부처님의 계시라 여기고 밍사산 벼랑에 사다리를 대고 불상이 들어앉은 형상의 굴을 팠는데, 이 굴이 바로 막고굴(莫高窟)의 시작이다. 막고굴에 대한 이야기는 다음 글에 더 이어가도록 하자.

주소	敦煌市以南6km
개방 시간	매일 5:30~21:30
입장료	110위안
낙타 타기	100위안(1시간 내외)

밍사산 영상
QR코드

그런 동굴이 아니라 막고굴

막고굴(莫高窟, 모가오쿠)

내일은 아침 일찍 동굴에 간다고 했다. 새벽 6시에 집합해야 한다는 가이드의 어투는 사뭇 비장했다. 모두가 이 동굴을 보기 위해 기나긴 여정을 왔다는 듯 진지하게 고개를 끄덕였다. 한껏 상기된 버스 안에서 시큰둥한 사람은 딱 두 사람, 나와 동생뿐이었다. 동굴 벽화가 아름답다는 설명에 떠오르는 건 컴컴한 동굴 속에서 다 부식되어 희미하게 보이는 그림뿐이었다. 내 상상력은 딱 거기까지였다.

아이돌 콘서트처럼 인기가 많은지 몇몇 사람들의 입장권은 여행사에서도 구하지 못한 모양이었다. 그 사람들은 당일표를 사기 위해 몇 시간 동안 줄을 서야 한다고 했다. 그나마 표를 가진 사람들의 입장 시간도 모두 제각각이었다.

우리는 입장 시간까지 두 시간 정도 기다려야 했다. 할 것도 없고 심심해서 기념품 숍이나 구경해 보기로 했다. 시간이나 때워

보자는 마음이었는데, 뜻밖에 쇼핑 명당이었다. 벽화의 일부를 고스란히 담은 디자인 제품부터 귀여운 일러스트로 재해석한 부처님까지 어느 것 하나 아름답고 흥미롭지 않은 것이 없었다. 우리는 아무래도 기념품은 여기서 사가는 게 좋겠다며 장바구니에 물건을 쓸어 담기 시작했다. 쇼핑백에 한가득 담긴 물건들을 물끄러미 바라보며 동생이 말했다.

"여기 벽화가 굉장한가 봐. 아니면 기념품이 이렇게 예쁠 수가 없잖아."

차츰 막고굴에 대한 기대감이 생기기 시작했다. 도대체 그 굴 안에 뭐가 있길래 새벽부터 사람을 줄 세우고, 기념품만 봐도 사람을 두근거리게 만드는 건지 궁금했다.

어느덧 입장 시간이었다. 막고굴로 가기 전에는 먼저 영상을 두 편 봐야 했다. 재미없는 다큐멘터리를 억지로 봐야 하는 건가 싶었는데, 내 예상은 이번에도 빗나갔다. 먼저 본 영상은 한편의 블록버스터 같았다. 광활한 사막 풍경만으로도 아찔했는데, 모래 먼지를 일으키며 습격하는 도적 떼라던가, 처음 굴을 뚫고 들어가는 승려의 모습이 나올 때는 팽팽한 긴장감이 흘렀다.

시간이 흐르며 수많은 석굴이 생기고, 그 안에서 벽화를 그리고, 불상을 만드는 사람들이 나왔다. 그러니까 막고굴이 자연 동굴이 아니라 일일이 사람이 파서 만들었다는 것에, 그것도 천 년에 걸쳐 만들어진 석굴이라는 사실에 자꾸만 소름이 끼쳤다.

이미 놀랄 만큼 놀랐으니 두 눈으로 직접 막고굴을 보고 싶었는데, 영상을 하나 더 봐야 한다고 했다. 이번에는 360도로 펼쳐지는 영상이라 거의 눕다시피 앉아서 봐야 했다. 새하얀 벽과 천정이 아름다운 벽화와 불상으로 변했다. 이런 굴이 400개 넘게 있다는 설명에 또다시 머리가 지끈거렸다.

막고굴을 보려면 셔틀버스를 타고 15분 정도 또 이동해야 했다. 차창 밖은 모래 먼지가 날리는 황량한 사막이었다. 믿음이 얼마나 크고 깊으면 그렇게 아름다운 석굴을 그렇게 많이 만들 수 있을까 생각하다 보니 어느새 마음이 경건해졌다.

도착한 곳은 햇빛이 쨍쨍하게 비치는 흙빛 절벽이었다. 막고굴의 중앙에는 흙에 파묻힌 듯한 모습의 거대한 누각이 자리 잡고 있었다. 외관은 말하자면 기다란 복도식 아파트 같았다. 층층마다 굳게 잠긴 철문들이 보였고, 그 앞으로 사람들이 가이드의 뒤를 따라 무리를 지어 걸어 다녔다.

스물다섯 명이 한 팀을 이루어 가이드를 따라 석굴을 관람하는데 해설 가이드는 모두 막고굴 연구자라고 했다. 우리가 가진 입장권으로는 총 8개의 굴을 볼 수 있는데 그중 6개는 매해 공개하는 굴 중 상황에 따라 가이드가 무작위로 선택한다고 했다. 마침 외국인들을 모아 영어 해설 가이드 팀을 꾸린다는 말에 동생과 나는 그쪽으로 따라붙었다.

간단한 자기소개를 마친 막고굴 가이드가 앞장서서 걸어갔다. 그러다 굳게 잠겨 있는 철문 앞에 서더니 열쇠를 꺼내 문을 열었다. 어두운 석굴 안으로 조심조심 뒤따라 걸어 들어갔다. 빛이 들지 않아 서늘해서 그런지 온몸에 소름이 돋으며 오싹해졌다.

굴의 가장 안쪽에는 부처님이 자리 잡고 있었다. 그 앞에서 부처님을 수호하는 자들은 표정 하나하나마저 생생했다. 사방의 벽에는 금방이라도 살아 움직일 것 같은 생동감 넘치는 벽화가 빼곡히 그려져 있었다. 신비한 이야기가 쏟아질 것 같은 벽화를 보다 보니, 없던 믿음도 솟아오르는 것 같았다.

가이드가 손전등으로 천정을 비추었다. 가슴이 먹먹해질 만큼 아름다운 그림이 눈에 들어왔다. 천정 벽화의 주인공은 하늘에서 부처님을 예배하고 섬기는 선인, 비천(飛天)이었다. 눈이 시리게 새파란 물에서 빙글빙글 돌며 헤엄을 치는 듯한 유려한 모습을 보니, 천정에서 꽃이라도 떨어질 것만 같았다.

각각의 개성과 이야기를 가지고 있는 석굴들은 감탄의 연속이었다. 특히 벽화에 가득 칠해진 싱그러운 푸른색을 볼 때는 정말이지, 황홀했다. 들어갔던 굴마다 하늘색, 파란색, 초록색이 신비롭고도 세련된 분위기를 자아내어 궁금했는데 모두 근처에서 나는 광물질 물감을 사용한 것이라고 했다.

서북 여행

어떤 굴에는 한쪽 벽 가득히 부처님이 빼곡하게 그려져 있었는데 웬일인지 부처님의 얼굴이 모두 새까맸다. 다른 색은 모두 광물질 성분의 물감을 사용했는데, 식물성 성분으로 만들어진 빨간색 물감을 칠한 부분만 시간이 흐르며 수증기, 공기, 햇빛 등의 영향을 받아 까맣게 변해버린 것이다. 색의 변화로 인해 생긴 독특한 아름다움 역시 특별하고 개성 있지 않냐며 가이드가 싱긋 웃었다.

정신 차리고 보니 두 시간이 훌쩍 지나있었다. 온종일 보라고 해도 볼 수 있을 것 같았는데 막고굴 관람은 그렇게 순식간에 끝나 버렸다. 고작 몇 개의 석굴을 스치듯 보았을 뿐인데 혼을 쏙 빼놓는 아름다움에 머리가 다 띵해졌다. 넋이 반쯤 나간 채로 다시 셔틀버스를 타러 걸어가면서 괜히 아쉬운 마음에 자꾸만 뒤를 돌아다보았다.

그 옛날 찬란했던 이 도시에는 매해 미켈란젤로가 백 명씩 태어나기라도 했던 것일까. 아니다, 천재 화가들이 그린 성당 벽화를 볼 때와는 분명 또 다른 감동이었다. 천 년 동안 불심으로 꽃 피워낸 아름다움, 실크로드의 중심에서 끊임없이 새로운 문화를 받아들이던 개방성, 그리고 다시 자신만의 개성을 살려 표현해내는 독창성이 한데 모인 경이로움에 찬사와 존경의 마음을 한껏 보내고 싶었다.

아직 보지 못한 석굴 속에 서려 있을 수많은 이야기와 수천 폭의 그림들이 궁금해졌다. 멀고 험한 길이지만, 언젠가 꼭 다시 와야겠다고 마음먹었다. 다음번에는 더 많은 이야기와 아름다움을 느낄 수 있도록 눈과 귀도 활짝 열어야겠다고. 더 많이 기대하고 경외하는 마음을 가질 수 있도록 열심히 공부하고 와야겠다고. 그냥 동굴이 아니라 불교 예술의 보물창고, 막고굴이니까.

막고굴(莫高窟)

주소 甘肃省敦煌市314省道附近

개방 시간 8:00-18:00(성수기 4월~11월), 9:00-17:30(비수기 12월~3월)

입장권 안내

예약 방법 막고굴 공식 홈페이지(www.mgk.org.cn) 통해 1개월 전 사전 예약

성수기 사전 예약표 (1일 6,000명 한정)

포함 사항 막고굴 소개 영상 〈千年莫高〉, 〈梦幻佛宮〉 관람, 막고굴 왕복 셔틀버스, 당해 공개 석굴 중 8개 관람, 외국어 가이드 해설(25~30명 팀으로 진행)

가격 258위안

비수기 사전 예약표 (1일 6,000명 한정)

포함 사항 막고굴 소개 영상 〈千年莫高〉, 〈梦幻佛宮〉 관람, 막고굴 왕복 셔틀버스, 당해 공개 석굴 중 12개 관람, 외국어 가이드 해설(25~30명 팀으로 진행)

가격: 160위안

둔황에 막고굴이 있는 이유

둔황(敦煌)은 중국과 서방 세계를 잇는 실크로드의 중심이었다. 동쪽으로 가면 한나라와 당나라의 도읍인 장안(長安), 뤄양(洛阳)까지 갈 수 있고, 서쪽으로 가면 중앙아시아, 서아시아, 남아시아를 거쳐 유럽의 로마에 닿을 수 있는 위치 때문이었다.

실크로드가 붐빌수록, 둔황은 유럽과 아시아의 문명이 교차하는 교통의 중심지로, 상업과 무역의 집산지로 발전해갔다. 그도 그럴 것이, 당시 둔황은 세계의 4대 문화, 6대 종교, 10여 민족이 한데 모이는 곳이었다. 경제적, 문화적으로 절정에 이른 '둔황'이었기에, 막고굴이라는 찬란한 불교예술이 꽃 필 수 있었던 것이다.

지금 막고굴에는 735개의 석굴이 남아 있는데 그 중 벽화와 채색 소상이 있는 굴이 492개다. 이는 4세기부터 14세기까지 무려 열 개 왕조에 걸쳐 만들어진 것이다. 4세기에 이미 많은 사찰이 있었던 둔황은 지역의 권문세가들과 백성들이 대를 이어 석굴을 만들면서 규모 면에서도 웅대한 불교의 성지로 발전했다. 이와 함께 중원의 각지에서 몰려온 승려들과 전란을 피해 온 부호들, 관직을 잃은 선비들이 끊임없이 모이면서 석굴을 만들고 보존하는 데 힘을 더했다.

이렇게 오랜 기간 막고굴이 지속적으로 발전할 수 있었던 것 역시 둔황이 변

두리에 있었기 때문이었다. 잦은 전란으로 혼란했던 중원 지역과 비교했을 때 둔황은 상대적으로 안정적인 사회였다. 하지만 시간이 흘러 명, 청 시대에 항로가 개척되면서 육상 실크로드는 점차 침체되어갔고, 막고굴의 벽화와 불상은 서서히 낡고 망가져 갔다.

하지만 시간이 흘러 1,900년에 막고굴은 전환기를 맞이한다. 낡고 부서진 사원을 수리하고 관리하겠다는 뜻을 세운 왕원록이라는 자가 있었다. 어느 날, 왕원록이 근처 농민들과 함께 석굴 안에 쌓인 모래를 치우던 중 장경동(지금의 제16굴)이 발견된 것이다.

각종 필사본, 인쇄본, 탁본 및 불경, 문서, 장부, 비단으로 만든 책, 회화, 직물, 자수품, 동상, 법기 등 작은 석굴에 있던 물품의 수량은 약 5만 개에 달했다. 장경동과 그 안에 있던 유물들에 학계가 놀랐으며, 외국 학자들 또한 막고굴에 관심을 가지기 시작했다. 이후, 둔황 막고굴과 둔황 지역 석굴 및 불교예술에 대한 연구에 뜨거운 열풍이 일어났고, 그 흐름은 현재까지 이어지고 있다.

막고굴 감상
QR코드

새하얀 하늘 위를 걷다

차카옌후(茶卡盐湖)

"누나, 옷 잘못 입고 온 것 같아."

눈 앞에 펼쳐진 호수를 물끄러미 바라보던 막내가 말했다. 그러고 보니 이곳에 온 사람들 모두 약속이라도 한 듯 빨간 원피스를 입고 있었다. 강렬한 빨강만으로는 부족했는지 얇은 스카프를 바람에 휘날리며 드라마틱한 분위기를 만들어내는 사람도 많았다.

이상하게 오늘은 하늘색 티셔츠를 입고 싶더라니. 물에 사르르 녹는 소금처럼 사진을 찍으면 나도 곧 풍경에 스며들어 사라져버릴 것만 같았다. 남들은 인생 사진을 찍으러 오는 곳을 나는 아무 생각 없이 왔다며 울상을 지었다. 동생은 피식 웃더니 우선 사람 없는 곳으로 가보자며 호수로 저벅저벅 걸어 들었다.

물 위를 걷는 기분이었다. 아무리 걸어 들어가도 따끈한 소금물은 발목 즈음에서 찰랑거렸다. 신기해서 발을 동동 구를 때 마

다 굵은 소금과 모래의 까칠함이 발바닥에 그대로 느껴졌다. 문
득 고개를 들어 나를 한참 앞서 걸어가는 막내를 보았다.

막내는 하늘을 걷고 있었다. 호수를 어슬렁어슬렁 가로질러가
는 동생의 발아래에서는 파란 하늘을 꼭 닮은 둥근 물결이 피어
났다. 끝없이 펼쳐진 하얀 도화지 같은 세상에 동생만 덩그러니
남겨진 듯했다. 그 발걸음의 끝에는 세상 바깥으로 나갈 수 있는
문이라도 있을 것 같았다.

내가 따라오지 않자 동생이 걸음을 멈추고 고개를 돌렸다. 멍
하니 동생의 뒷모습만 바라보던 나는 그제서야 정신을 차리고
사진을 찍어 주겠다며 카메라를 들었다. 빨간 옷을 입고 오지 못
했으니 포즈라도 멋지게 취해보라며 소리를 고래고래 질렀다.
동생은 손도 번쩍 들기도 하고, 슈퍼맨도 흉내 내며 열심히 포즈
를 취했다.

그런데 영 마음에 들지 않았다. 좀 창의적인 포즈는 없느냐며
다시 소리를 지르니 동생은 그러면 누나가 한번 해보라며 씩씩
거리며 걸어왔다. 동생이 가만히 걷자 조금 전 말문이 막히게 아
름다웠던 그 모습이 다시 나타났다.

"아무것도 하지 말고, 뒤돌아서 그냥 걸어봐."

동생이 쭈뼛쭈뼛 뒤를 돌더니 다시 천천히 걸었다. 뭉게구름

이 동생의 뒤를 졸졸 따라가는 듯 기다랗게 피어올랐다. 방향을 바꾸어 걷기 시작한 동생이 이번에는 하얀 소금 호수에 반사된 구름 위에 올라섰다.

하얗고 고요한 호수에 혼자 가만히 걷는 동생을 카메라에 담았다. 이미 너무나 완벽한 풍경이어서 어떻게 찍어도 상관없었는데 괜히 욕심을 부렸었나 보다. 내가 아무런 말이 없자 동생이 꼼지락거리며 다시 개구진 포즈를 취하기 시작했다. 이 호수에 우리 둘만 남은 것처럼, 오랜만에 재롱을 떠는 동생을 오래오래 바라보았다.

천국의 풍경
새하얀 소금 호수 차카옌후

차카옌후는 억만 년 전 칭짱고원(青藏高原) 위에 생긴 새하얀 소금 호수다. '차카'라는 이름은 티베트어에서 비롯된 것으로 '짠물 호수'를 뜻한다. 3,000년 전부터 소금을 얻기 시작했다는 차카옌후에서는 중국 국민이 75년 동안 먹을 수 있는 소금을 만들 수 있다고 한다.

파란 하늘을 온전히 거울처럼 담아내는 이 호수를 사람들은 '하늘나라의 거울(天空之镜)'이라고 부른다. 볼리비아의 우유니 소금 사막과 꼭 닮은 이곳은 한국에서 훨씬 더 가까운 곳에 있는데도 한없이 낯선 곳이다. 그도 그럴 것이 차카옌후가 널리 알려진 것은 최근 일이다. 2014년 무렵, 차카옌후의 풍경을 담은 사진과 영상이 인터넷을 통해 알려지면서 순식간에 여행자들에게 사랑받는 인생사진의 성지가 되었다.

차카옌후를 가장 여행하기 좋은 시기는 6월에서 10월이다. 햇빛이 엄청나게 내리쬐는 곳이라 피부가 순식간에 타기 때문에 되도록 얇고 긴 소매 옷을 입는 편이 좋다. 또한 호수에 슬리퍼만 신고 들어가면 소금 결정이 계속 밟혀 따갑기 때문에 덜 아프게 걸을 수 있도록 두꺼운 양말을 챙겨 가져가는 것을 추천한다.

차카옌후
영상 QR코드

주소	海西蒙古族藏族自治州乌兰县盐湖路9号
개방 시간	매일 7:00-18:30
입장료	60위안(왕복 꼬마 기차표 100위안 / 편도 기준 매표소에서 도보로 20분 거리)

그날 밤, 반짝 피어오른 이야기

칭하이후(青海湖, 청해호)

수학여행에 온 기분이었다. 버스 안에서는 나긋나긋한 선율의 노래가 흘러나왔고, 재잘거리며 떠들던 동행들이 입을 모아 노래를 따라 부르기 시작했다. 맨 앞자리에 앉아 있던 가이드가 신청곡을 묻자 사람들은 저마다 손을 번쩍 들며 노래 제목을 큰소리로 외쳤다. 갑자기 누군가 "우와!" 하고 소리쳤다. 풀을 뜯는 양 떼가 있던 초원 뒤로 짙고 파란 바다가 나타났다.

바다가 아니었다. 바다보다 푸른 칭하이후였다. 처음에는 크기만 하지, 밋밋하게도 생겼다며 시큰둥했었는데 황금빛 햇볕을 받아 부드럽게 반짝이는 호수를 물끄러미 보고 있으니 마음속 깊은 곳이 찰랑거렸다. 저 호수의 물결처럼 차분하고 고요하게.

숙소에 도착하니 어느덧 깜깜한 밤이었다. 가로등 하나 없는 길에서 호텔의 빨간 간판이 끔뻑거리고 있었다. 가이드가 분명히 호텔에서 칭하이후까지 걸어서 5분 거리라고 했는데, 칠흑같

이 어두운 밤이 되자 호수가 감쪽같이 사라져버렸다.

"옥상에 올라갈 수 있으려나? 오늘 별 잘 보일 것 같은데…"

동생이 툭 던진 한마디에 우리는 주섬주섬 일어나 밖으로 나갔다. 복도에서 마주친 베이징 친구가 어딜 가냐고 물어 별 보러 간다고 했더니, 자기도 함께 가자고 했다. 어두컴컴한 통로를 지나 계단을 따라 올라가니 옥상이었다.

새까만 밤하늘에 별이 총총 박혀 있었다. 큼지막한 별들이 반짝거릴 때마다 '와아' 하는 탄성이 절로 새어 나왔다. 옥상 한가운데에서는 웬 꼬마들이 쫑알거리며 모여 있었다. 슬쩍 가까이 가보니 별자리 지도를 하나씩 들고, 선생님과 함께 별의 이름을 맞추고 있었다. 자그마한 손전등으로 선생님이 하늘을 비출 때마다 머나먼 별에 닿을 듯한 기다란 선이 하늘에 그려졌다.

그 사이, 동생은 온갖 담벼락을 헤매고 다니며 별 사진을 찍을 곳을 찾았다. 마땅한 곳을 찾아 카메라를 세워 두고 셔터를 눌렀다. 숨을 죽이고 30초를 기다렸다가 두근거리는 마음으로 사진을 확인했는데, 웬일인지 사진이 불그죽죽했다. 호텔 간판에서 새어 나오는 빨간 불빛 때문이었다.

카메라를 들고 옥상을 서성이던 베이징 친구가 다가와 사진이 잘 나오냐고 물었다. 아무래도 간판 불빛 때문에 오늘 사진 찍기는 글렀다며 동생이 웃자, 그 친구가 갑자기 핸드폰을 꺼내더니 호텔 프런트에 전화를 했다.

"별 사진을 찍고 싶은데요, 혹시 간판 불을 꺼주실 수 있나요?"

동생과 내가 그 말을 듣고 당황해서 마구 웃기 시작했다. 아니, 무슨 말도 안 되는 질문을. 그런데, 뜻밖에, '툭' 하는 소리와 함께 간판 불이 꺼졌다. 놀라서 입을 떡 벌어진 우리를 보고 그 친구가 말했다.

"정말 해줄 수도 있는 거니까 일단 시도는 해보는 거지 뭐. 잘 됐다. 별 사진 찍자."

아무것도 보이지 않는 깜깜한 옥상 위에서 우리는 차가운 밤바람에 바들바들 떨며 오랫동안 별 사진을 찍었다. 사진 속에서 더 많은 별들이 반짝일수록 그 친구의 전화와, 말이 점점 더 또렷하게 머릿속에서 맴돌았다. 오래도록 기억하고 싶은 이야기가 칭하이후의 밤에서 '반짝' 하고 피어났다.

바다와는 또 다른 매력

칭하이후

칭하이후는 중국에서 가장 큰 호수다. 제주도 보다 2.3배 크며, 둘레는 약 360km로 서울에서 울산 거리 정도 된다. 최대 수심도 30m에 달하는 이 거대한 호수는 해발고도 3,000m에 있는 '가장 높은 호수'이기도 하다. 하늘과 가까운 곳에 있는 호수여서일까, 짙고 푸른 빛이 유난히 아름답다.

칭하이후가 유명한 건 비단 크기 때문은 아닌 것 같다. 바다라고 착각할 만큼 크지만, 분명 바다와는 다른 매력이 있다. 호수 주변을 따라 드라이브를 하다 보면 마음이 차분해지고 감동적이다. 그래서인지 칭하이후는 졸업 여행지로도, 5일에 걸쳐 한 바퀴 도는 자전거 여행지로도 유명하다.

칭하이후 호텔에서 지낸 이튿날 아침에는 일출을 구경했다. 분홍빛으로 하늘을 물들이다 뜨겁게 떠오르는 붉은 태양을 보는 것 역시 뭉클한 추억이었다. 오전에는 여행사에서 준비한 연날리기를 했다. 처음에는 귀찮게 무슨 연을 날리냐며 투덜거렸는데, 막상 나가서는 일행 중에 제일 신나게 뛰어다니며 연을 날렸다. 칭하이후는 이번 여행에서 가장 담백한 풍경을 가진 곳이었는데, 반짝이는 기억들을 가장 많이 선물해준 곳이라 자주 생각난다.

칭하이후
영상 QR코드

온종일 봄을 찾아도 봄이 보이지 않아

짚신이 다 닳도록 산꼭대기 구름까지 헤맸네

돌아와 뜰에서 미소 짓는 매화 향기 맡아보니

봄은 이미 매화 가지 위에 흠뻑 와있었구나

盡日尋春不見春

芒鞋踏遍嶺頭雲

歸來笑拈梅花嗅

春在枝頭已十分

〈悟道詩(오도송)〉

1장 차마고도

24쪽   김선자, 《중국 소수민족 신화기행》, 안티쿠스, 2009
       杨福泉, '神秘的世界殉情之都', 〈民族艺术〉, 1998年 04期
26쪽   하단 글 바이두 백과(百度百科) 참고
56쪽   韩丽萍, '仰望神山——梅里雪山"转山"行记', 〈今日民族〉, 2018年 02期
62쪽   '丽江宝山石头城一承载纳西族古老文化的村落', 〈今日民族〉, 2017年
       06期

2장 도시 예찬

78쪽   바이두 백과 참고
81쪽   '行走沙面 | 古树有故事：种植榕树还跟朱元璋有关?', 〈广州日报大洋
       网〉, 2017. 12. 01.
91쪽   '광저우, 기억을 음미하고 문화를 경험하는 도시', 〈아주경제〉, 2017. 01.
       17.
       '广府建筑——西关大屋、骑楼、碉楼', 〈南方网〉, 2016. 07. 11.
93쪽   刘二囍, '我为什么要开一间24少时不打烊书店?', 〈1200km〉(vol. 1)
139쪽 '"到"虫洞"看鼓浪屿的前世今生"', 〈海峡导报〉, 2018. 11. 30.
150쪽 하단 글 바이두 백과 참고

3장 그곳에 사는 사람들

159쪽 '来自20多国家数百外国人住在阳朔 老外为何爱桂林?', 〈桂林日报〉, 2014. 10. 13.

178쪽 '桂林米粉的来源', 〈桂林生活网〉, 2009. 12. 25.

179쪽 바이두 백과 참고

184쪽 바이두 백과 참고

210, 212, 220쪽 맹번정, 박미애 지음, 《무이암차: 녹차, 청차, 홍차의 뿌리를 찾아서》, 이른아침, 2007

4장 실크로드

229쪽 이유진, 《중국을 빚어낸 여섯 도읍지 이야기》, 메디치미디어, 2018

235쪽 搜狐, '面条像腰带, 姑娘不对外 揭秘陕西10大怪', 〈西安信息网〉, 2016. 04. 22.

239쪽 바이두 백과 참고

244쪽 이유진, 《중국을 빚어낸 여섯 도읍지 이야기》, 메디치미디어, 2018

250쪽 임태승, 《(인물로 읽는) 중국 서예의 역사》, 미술문화, 2006

289쪽 바이두 백과 참고

290쪽 '东方小瑞士——卓尔山', 〈道路交通管理〉, 2018年 10期

300쪽 둔황연구원, 판진스 편저, 강초아 옮김, 《실크로드 둔황에서 막고굴의 숨은 역사를 보다》, 도서출판선, 2019

        '유럽과 아시아를 잇는 문명의 혈맥 실크로드', 〈한국대학신문〉, 2019. 04. 01.

310쪽 둔황연구원, 판진스 편저, 강초아 옮김, 《실크로드 둔황에서 막고굴의 숨은 역사를 보다》, 도서출판선, 2019

        류융정 지음, 판진스 편집, 임광순, 김태경 옮김, 《둔황의 채색조형》, 동국대학교 출판부, 2018

324쪽 '하늘고원이 숨긴 푸른 바다 칭하이후', 〈현대불교〉, 2019. 9. 11.

        바이두 백과 참고

마침내 일상에 도착했다

1판 1쇄 인쇄 2020년 10월 21일
1판 1쇄 발행 2020년 10월 28일

지은이 김송은
펴낸이 김기옥

실용본부장 박재성
편집 실용2팀 이나리, 손혜인
영업 김선주
커뮤니케이션 플래너 서지운
지원 고광현, 김형식, 임민진

디자인 형태와내용사이
인쇄 · 제본 민언프린텍

펴낸곳 컴인
주소 121-839 서울시 마포구 서교동 양화로 11길 13(서교동, 강원빌딩 5층)
전화 02-707-0337 팩스 02-707-0198 홈페이지 www.hansmedia.com
출판신고번호 제2017-000003호 신고일자 2017년 1월 2일

컴인은 한스미디어의 라이프스타일 브랜드입니다.
출판신고번호 제2017-000003호 신고일자 2017년 1월 2일

ISBN 979-11-89510-18-3 03910